U0137311

陈寅恪语录

胡文辉 编

上海文艺出版社
Shanghai Literature & Art Publishing House

编选说明

◎本编录文所据，除陈氏全部著作之外，尚包括旁人记录陈氏讲课及回忆陈氏言谈的文字。此类文字虽未必精确，仍可谓"下真迹一等"，自有参照价值。且就历史来看，此类文字方是真正的"语录"，古代如《论语》《坛经》《朱子语类》，近时如吴作桥等编《再读鲁迅：鲁迅私下谈话录》，皆其例。

◎本编所引陈著文本，以三联版《陈寅恪集》为据。但此集的二版、三版在文本上不无修订，有据民国旧版而改，有据《唐代政治史略稿》手写本而改，甚而有据我的《陈寅恪诗笺释》而改，皆未作说明，不符合版本学的规范。故本编仍以初版为准，特殊的异文则以按语方式说明。另，《唐代政治史述论稿》与《唐代政治史略稿》手写本系同一著作的两种文本，今仅按《述论稿》引录内容，一般不涉及《略稿》的异文。

◎回忆陈氏的文字，结集者以台版《谈陈寅恪》最早，大陆版《陈寅恪印象》继之，《追忆陈寅恪》在后。但因《追忆》收录最为齐备，故优先以《追忆》为据。万绳楠《陈寅恪魏晋南北朝史讲演录》、刘隆凯《陈寅恪"元白诗证史"讲席侧记》两种内容甚整齐，惟记录者已作整理加工，异于原始记录，故未取。

◎我读书时有作批注的习惯，包括画重点线、做重点标记之类，此编录文大体即依据过去阅读时的批注，故内容的取舍取决于个人的趣味和眼光，非敢谓竭泽而渔者。此外，与陈氏有关的周边文献，包括陈氏集外函，未遑一一查检，仅据有关线索录入若干。

◎因"语录"体例的限制，收录内容不宜过于繁琐，亦不宜过于冗长，必然侧重更适合"语录"者，即较为宏观的通论，故此编录文较突出陈氏的"史识"方面，虽亦属陈氏作为史家之特色，但未必即能准确反映陈氏史学的面貌。

◎录文不避重复，相反尽量求全求备，特别着重将同类的零散材料汇辑一处，有意做成"语录长编"，以期起到"材料类编"之用。对录文所作的归类、拟题，既为便于查检，亦融入个人对陈氏学说的理解，未必完全贴切，亦不可能避免主观。若内容有两可者，能裁剪则尽量裁剪，不能裁剪则斟酌其轻重，只归入其中一类，不再重见。全编录文概无任何重复之处。

◎陈氏的文字皆因论学考史而起，往往与引用的史料不易截然划分，前后多表示连贯或转折的字句，录文时尽量保持完整，以见其本来语境。惟对于原文的文献出处则多有删略，视具体情形而保留若干。

◎陈氏行文，尤其是标点符号的使用，多不合于今日规范，但录文对原著的标点符号仍尽可能保持旧貌。惟个别可能影响对内容的理解，则酌情稍作改易。原著引据文献皆无书名号，今录文除论著标题之处，一律加书名号。

◎录文所涉人物、史事极多，一般情况不作说明，惟个别非搜索可以解决者，则间下己意。

◎对于陈氏诗作，亦作摘句附于书后，惟不作分类，径以年月为序，而系年以《陈寅恪诗笺释》为准。摘录论著侧重其内涵，而摘录诗句则侧重其韵味。

◎视录文的不同性质，采用不同字体，以为区分。凡出陈氏本人之手者，用宋体；凡属旁人记录陈氏讲课或回忆陈氏言谈者，用仿宋；凡内容有异而又有关联者，则用小一号宋体，附于有关录文之下。本书编者所加按语以（ ）括注于文中，用楷体；改字以〔 〕括注，补字以〔 〕括注，凡属本书编者所为者，改用楷体，其余皆保留原字体。

引用文献及其缩略语

《陈寅恪集》，三联书店 2001—2002 年初版

　　《寒柳堂集》，简称《寒柳》

　　《金明馆丛稿初编》，简称《初编》

　　《金明馆丛稿二编》，简称《二编》

　　《隋唐制度渊源略论稿》，简称《隋唐》

　　《唐代政治史述论稿》，简称《唐代》

　　《元白诗笺证稿》，简称《元白》

　　《柳如是别传》，简称《别传》

　　《诗集》

　　《书信集》

　　《读书札记一集》，简称《札记一》

　　《读书札记二集》，简称《札记二》

　　《读书札记三集》，简称《札记三》

　　《讲义及杂稿》，简称《杂稿》

《唐代政治史略稿手写本》，上海古籍出版社 1988 年 11 月版，简称《唐代》手写本

《唐代政治史述论稿》，商务印书馆 1943 年 5 月重庆初版，简称《唐代》重庆本

钱文忠编《陈寅恪印象》，学林出版社 1997 年 12 月版，简称《印象》

张杰、杨燕丽选编《追忆陈寅恪》，社会科学文献出版社 1999 年 9 月版，简称《追忆》

蒋天枢《陈寅恪先生编年事辑》〔增订本〕，上海古籍出版社 1997 年 6 月版，简称《编年事辑》

卞僧慧《陈寅恪先生年谱长编》〔初稿〕，中华书局 2010 年 4 月版，简称《年谱长编》

陆键东《陈寅恪的最后二十年》，三联书店 1995 年 12 月版，简称《二十年》

吴定宇《守望：陈寅恪往事》，中国社会科学出版社 2014 年 11 月版，简称《守望》

胡文辉《陈寅恪诗笺释》〔增订本〕，广东人民出版社 2013 年 4 月版

《纪念陈寅恪先生百年诞辰学术论文集》，江西教育出版社 1994 年 8 月版

《陈寅恪与二十世纪中国学术》，浙江人民出版社 2000 年

12 月版

《吴宓日记》（1910—1948），生活·读书·新知三联书店 1998 年 3 月版

《吴宓日记续编》（1949—1974），生活·读书·新知三联书店 2006 年 3 月版

《吴宓诗话》，商务印书馆 2005 年 5 月版

《胡适来往书信选》，中华书局香港分局 1983 年 11 月版

《朱自清全集》第九卷日记编，江苏教育出版社 1998 年 3 月版

钱穆《钱宾四先生全集》第五十一卷《八十忆双亲·师友杂忆》合刊，联经出版事业公司 1998 年 5 月版

何炳棣《读史阅世六十年》，商务印书馆（香港）有限公司 2004 年 2 月版

《陈君葆日记全集》，商务印书馆（香港）有限公司 2004 年 7 月版

《李思纯文集》，巴蜀书社 2009 年 5 月版

罗久芳编著《五四飞鸿——罗家伦珍藏师友书简集》，百花文艺出版社 2010 年 1 月版，简称《五四飞鸿》

《夏鼐日记》，华东师范大学出版社 2011 年 8 月版

王汎森、潘光哲、吴政上主编《傅斯年遗札》，台湾"中央研究院"历史语言研究所 2011 年 10 月版

李孝迁、任虎编校《近代中国史家学记》，上海古籍出版社 2018 年 11 月版

《梁方仲遗稿·听课笔记》，广东人民出版社 2019 年 1 月版，简称《梁方仲笔记》

周一良《挖一下厚古薄今的根》，载《历史科学中两条道路的斗争》，人民出版社 1958 年 10 月版

艾天秩《忆先师陈寅恪先生》，载《校友文稿资料选编》第四辑，清华大学出版社 1996 年 7 月版

张伟《陈寅恪的那一声感慨》，载《满纸烟岚》，上海教育出版社 2007 年 8 月版

刘凤翥《跋孟森和陈寅恪给厉鼎煃的信》，载《书品》2009 年第 5 辑

刘经富《陈寅恪未刊信札整理笺释》，载《文史》2012 年第 2 辑

胡文辉《陈寅恪致牟润孙函中的隐语》，载《人物百一录》，浙江大学出版社 2014 年 1 月版

张晖《忍寒庐所藏师友书札之一：陈寅恪的佚诗与佚函》，载《朝歌集》，浙江大学出版社 2014 年 1 月版

高克勤《〈陈寅恪文集〉出版述略》，载《拙斋书话》，上海辞书出版社 2016 年 8 月版

目　录

治学方法

◎学术独立

士之读书治学，盖将以脱心志于俗谛之桎梏，真理因得以发扬。思想而不自由，毋宁死耳。斯古今仁圣所同殉之精义，夫岂庸鄙之敢望。先生以一死见其独立自由之意志，非所论于一人之恩怨，一姓之兴亡。呜呼！树兹石于讲舍，系哀思而不忘。表哲人之奇节，诉真宰之茫茫。来世不可知者也。先生之著述，或有时而不章。先生之学说，或有时而可商。惟此独立之精神，自由之思想，历千万祀，与天壤而同久，共三光而永光。

《清华大学王观堂先生纪念碑铭》，《二编》

我的思想，我的主张完全见于我所写的王国维纪念碑中。……我当时是清华研究院导师，认为王国维是近世学术界最主要的人物，故撰文来昭示天下后世研究学问的人。特别是研究史学的人。我认为研究学术，最主要的是要具有自由的意志和独立的精神。所以我说"士之读书治学，盖将以脱心志于俗谛之桎梏"。"俗谛"在当时即指三民主义而言。必须脱掉"俗谛之桎梏"，真理才能发挥，受"俗谛之桎梏"，没有自由思想，没有独立精神，即不能发扬真理，即不能研究学术。学说有无错误，这是可以商量的，我对于王国维即是如此。王国维的学说中，也有错的，如关于蒙古史上的一些问题，我认为就可以商量。我的学说也有错误，也可以商量，个人之间的争吵，不必芥蒂。我、你都应该如此。我写王国维诗，中间骂了梁任公，给梁任公看，梁任公只笑了一笑，不以为芥蒂。我对胡适也骂过。但对于独立精神，自由思想，我认为是最重要的，所以我说"唯此独立之精神，自由之思想，历千万祀，与天壤而同久，共三光而永光"。我认为王国维之死，不关与罗振玉之恩怨，不关满清之灭亡，其一死乃以见其独立自由之意志。独立精神和自由意志是必须争的，且须以生死力争。正如词文所示，"思想而不自由，毋宁死耳。斯古今仁贤（按：原文"仁贤"作"仁圣"）所同殉之精义，夫岂庸鄙之敢望"。一切都是小事，惟此是大事。碑文中所持之宗旨，至今并未改易。

我决不反对现在政权，在宣统三年时就在瑞士读过《资本论》原文。但是我认为不能先存马列主义的见解，再研究学术。我要请的人，要带的徒弟都要有自由思想、独立精神。不是这样，即不是我的学生。你以前的看法是否和我相同我不知道，但现在不同了，你已不是我的学生了。所有［以］周一良也好，王永兴也好，从我之说即是我的学生，否则即不是。将来我要带徒弟，也是如此。

因此，我提出第一条："允许中古史研究所不宗奉马列主义，并不学习政治。"其意就在不要有桎梏，不要先有马列主义的见解，再研究学术，也不要学政治。不止我一人要如此，我要全部的人都如此。我从来不谈政治，与政治决无连涉，和任何党派没有关系。怎样调查，也只是这样。

因此，我又提出第二条："请毛公或刘公给一允许证明书，以作挡箭牌。"其意是毛公是政治上的最高当局，刘少奇是党的最高负责人。我认为最高当局也应和我有同样看法，应从我之说，否则，就谈不到学术研究。

《对科学院的答复》，《杂稿》

我对共产党不必说假话。……我要为学术争自由。我自从作王国维纪念碑文时，即持学术自由之宗旨，历二十余年而不变。

汪篯《陈寅恪的简史及学术成就》，《二十年》

人人都尊朱颂圣，我则不能，尊朱犹可，颂圣则决不可。

中山大学 1950 年代档案，《守望》

呜呼！昔晋永嘉之乱，支愍度始欲过江，与一伧道人为侣。谋曰，用旧义往江东，恐不办得食，便共立心无义。既而此道人不成渡，愍度果讲义积年。后此道人寄语愍度云，心无义那可立，治此计，权救饥耳。无为遂负如来也。……先生讲学著书于东北风尘之际，寅恪入城乞食于西南天地之间，南北相望，幸俱未树新义，以负如来。

《陈垣明季滇黔佛教考序》，《二编》

陈寅恪来，谈大局改变后一身之计划。寅恪赞成宓之前议，力劝宓勿任学校教员。隐居读书，以作文售稿自活。肆力于学，谢绝人事，专心致志若干年。不以应酬及杂务扰其心，乱其思，费其时，则进益必多而功效殊大云。又与寅恪相约不入（国民）党。他日党化教育弥漫全国，为保全个人思想精神之自由，只有舍弃学校，另谋生活。艰难固穷，安之而已。

吴宓日记 1927 年 6 月 29 日

◎同情与客观

兹将其优点概括言之，凡著中国古代哲学史者，其对于古人之学说，应具了解之同情，方可下笔。盖古人著书立说，皆有所为而发。故其所处之环境，所受之背景，非完全明了，则其学说不易评论。而古代哲学家去今数千年，其时代之真相，极难推知。吾人今日可依据之材料，仅为当时所遗存最小之一部，欲借此残余断片，以窥测其全部结构，必须备艺术家欣赏古代绘画雕刻之眼光及精神，然后古人立说之用意与对象，始可以真了解。所谓真了解者，必神游冥想，与立说之古人，处于同一境界，而对于其持论所以不得不如是之苦心孤诣，表一种之同情，始能批评其学说之是非得失，而无隔阂肤廓之论。否则数千年前之陈言旧说，与今日之情势迥殊，何一不可以可笑可怪目之乎？

《冯友兰中国哲学史上册审查报告》，《二编》

又唐代武功可称为吾民族空前盛业，然详究其所以与某甲外族竞争，卒致胜利之原因，实不仅由于吾民族自具之精神及物力，亦某甲外族本身之腐朽衰弱有以招致中国武力攻取之道，而为之先导者也。国人治史者于发扬赞美先民之功业时，往往忽略此点，是既有违学术探求真实之旨，且非史家陈述覆辙，以供鉴诫之意。故本篇于某外族因其本身先已衰弱，遂成中国胜利之本末，必特为标出之，以期近真实而供鉴诫，兼见其有以异乎夸诬之宣传文字也。

《唐代》下篇

由此言之，放翁之祖陆农师（佃），为王荆公门人，后又名列元祐党籍。是放翁之家世，与临川涑水两党俱有关联。其论两党之得失最为公允。清代季年，士大夫实有清流浊流之分。寅恪本人或以世交之谊，或以姻娅之亲，于此清浊两党，皆有关联，故能通知两党之情状并其所以分合错综之原委。因草此文，排除恩怨毁誉务求一持平之论断。他日读者傥能详考而审察之，当信鄙言之非谬也。……寅恪以家世之故，稍稍得识数十年间兴废盛衰之关键。今日述之，可谓家史而兼信史欤？

《寒柳堂记梦未定稿》,《寒柳》

我可以指导你，其实我对晚清历史还是熟习的；不过我自己不能做这方面的研究。认真做，就要动感情。那样，看问题就不客观了，所以我不能做。

1940 年代对石泉（刘适）言，
石泉、李涵《追忆先师寅恪先生》,《追忆》

◎通则举例

夫解释古书，其谨严方法，在不改原有之字，仍用习见之义。故解释之愈简易者，亦愈近真谛。并须旁采史实人情，以为参证。不可仅于文句之间，反复研求，遂谓已尽其涵义也。

《蓟丘之植植于汶篁之最简易解释》，《二编》

陈师又说：凡前人对历史发展所留传下来的记载或追述，我们如果要证明它为"有"，则比较容易，因为只要能够发现一、二种别的记录，以作旁证，就可以证明它为"有"了；如果要证明它为"无"，则委实不易，千万要小心从事。因为如你只查了一、二种有关的文籍而不见其"有"，那是还不能说定的，因为资料是很难齐全的，现有的文籍虽全查过了，安知尚有地下未发现或将发现的资料仍可证明其非"无"呢？这句话含有很重要的意义。有位清华国学研究院的同学，昔年和我讨论陈师的名言，他说这句话给他印象很深，影响很大。

1920 年代对学生所言大意，罗香林《回忆陈寅恪师》，《追忆》

一天，先生说：历史研究，资料范围要尽可能扩大，结论则要尽可能缩小，考证要求合实际，一屋的人穿蓝的，也许就有一个人穿黑的，除有一定前提，类推不宜常用，先生对青年指点，常在燕谈笑语之间。

陈述《陈寅恪先生手书信札附记》，

《纪念陈寅恪先生百年诞辰学术论文集》

又谓宓欲治中国学问，当从目录之学入手，则不至茫无津埃［涘］，而有洞观全局之益。

吴宓日记 1919 年 11 月 10 日

总之，此事极重要而复杂，仓卒间鄙见亦未敢有所决定也。惟疑曳落河虽为公名健儿之义，亦为民族之专名，如赭羯之比。又，异族语音译相同者颇多，若无他证，仅据对音，则只能备一说而不能确指也。

1936 年 1 月 24 日致陈述函，《书信集》

◎学术风气

自昔大师巨子，其关系于民族盛衰学术兴废者，不仅在能承续先哲将坠之业，为其托命之人，而尤在能开拓学术之区宇，补前修所未逮。故其著作可以转移一时之风气，而示来者以轨则也。

《王静安先生遗书序》,《二编》

考自古世局之转移，往往起于前人一时学术趋向之细微。迫至后来，遂若惊雷破柱，怒涛振海之不可御遏。然则朱君是书乃此日世局潮流中应有之作。

《朱延丰突厥通考序》,《寒柳》

有清一代经学号称极盛，而史学则远不逮宋人。论者辄谓爱新觉罗氏以外族入主中国，屡起文字之狱，株连惨酷，学者有所畏避，因而不敢致力于史，是固然矣。然清室所最忌讳者，不过东北一隅之地，晚明初清数十年间之载记耳。其他历代数千岁之史事，即有所忌讳，亦非甚违碍者。何以三百年间，史学之不振如是？是必别有其故，未可以为悉由当世人主摧毁压抑之所致也。夫义理词章之学及八股之文，与史学本不同物，而治其业者，又别为一类之人，可不取与共论。独清代之经学与史学，俱为考据之学，故治其学者，亦并号为朴学之徒。所差异者，史学之材料大都完整而较备具，其解释亦有所限制，非可人执一说，无从判决其当否也。经学则不然，其材料往往残阙而又寡少，其解释尤不确定，以谨愿之人，而治经学，则但能依据文句各别解释，而不能综合贯通，成一有系统之论述。以夸诞之人，而治经学，则不甘以片段之论述为满足。因其材料残阙寡少及解释无定之故，转可利用一二细微疑似之单证，以附会其广泛难徵之结论。其论既出之后，固不能犁然有当于人心，而人亦不易标举反证以相诘难。譬诸图画鬼物，苟形态略具，则能事已毕，其真状之果肖似与否，画者与观者两皆不知也。往昔经学盛时，为其学者，可不读唐以后书，以求速效。声誉既易致，而利禄亦随之。于是一世才智之士，能为考据之学者，群舍史学而趋于经学之一途。其谨愿者，既止于解释文句，而不能讨论问题。其夸诞者，又流于奇诡悠谬，而不可究诘。……当时史学地位之卑下若此，由今思之，诚可哀矣。此清代经学发展过甚，所以转致史学之不振也。

《陈垣元西域人华化考序》，《二编》

曩以家世因缘，获闻光绪京朝胜流之绪论。其时学术风气，治经颇尚《公羊春秋》（按：《春秋公羊传》），乙部之学，则喜谈西北史地。后来今文公羊之学，递演为改制疑古，流风所被，与近四十年间变幻之政治，浪漫之文学，殊有连系。此稍习国闻之士所能知者也。西北史地以较为朴学之故，似不及今文经学流被之深广。惟默察当今大势，吾国将来必循汉唐之轨辙，倾其全力经营西北，则可以无疑。

《朱延丰突厥通考序》,《寒柳》

以往研究文化史的有二失：

旧派失之滞：旧派作中国文化史，其材料一般采自二十四史中的《儒林》《文苑》传及诸志及《文献通考》《玉海》等类书。类书乃为科举对策搜集材料之用，没有必要全行采入。这类文化史，不过钞钞而已。其缺点：只有死材料，没有解释。拘文牵义，不能了解人民精神生活与社会制度的关系。不过这类书里的材料还可以用。

新派失之诬：新派是留学生，所谓"以科学方法整理国故"。新派书似有条理，有解释，然甚危险。他们以外国的社会科学理论解释中国的材料。此种理论，不过是假设的理论。而其所以成立的原因，乃由研究西洋历史、政治、社会的材料，归纳而得的结论。人类活动本有其共同之处。彼之理论，对于我们的材料，也能有相当的适用。所以"以科学方法整理国故"是很有可能性的，不过也有时不适用，因为有时中国材料在其范围以外，所以讲大概则似乎很对，讲精细则不太准确。而历史重在准确，不怕琐碎。（讲哲学可以，讲历史不行。）

（按：所谓"旧派作中国文化史"，可能是特别针对柳诒微的《中国文化史》。)

卞僧慧《"晋至唐文化史"开课笔记》，《年谱长编》

今日中国，旧人有学无术；新人有术无学，识见很好而论断错误，即因所根据之材料不足。朱子有学有术，宋代高等人物皆能如此。

卞僧慧《陈寅恪先生欧阳修课笔记》，《年谱长编》

一时代之学术，必有其新材料与新问题。取用此材料，以研求问题，则为此时代学术之新潮流。治学之士，得预于此潮流者，谓之预流（借用佛教初果之名）。其未得预者，谓之未入流。此古今学术史之通义，非彼闭门造车之徒，所能同喻者也。敦煌学者，今日世界学术之新潮流也。自发见以来，二十余年间，东起日本，西迄法英，诸国学人，各就其治学范围，先后咸有所贡献。吾国学者，其撰述得列于世界敦煌学著作之林者，仅三数人而已。夫敦煌在吾国境内，所出经典，又以中文为多，吾国敦煌学著作，较之他国转独少者，固因国人治学，罕具通识……

《陈垣敦煌劫余录序》，《二编》

寅恪昔年序陈援庵先生《敦煌劫余录》，首创"敦煌学"之名。以为一时代文化学术之研究必有一主流，敦煌学今日文化学术研究之主流也。凡得预此潮流者，谓之"预流"，近日向觉明先生撰《唐代俗讲考》，足证鄙说之非妄。

《大千临摹敦煌壁画之所感》，《杂稿》

◎学术竞争

吾国大学之职责，在求本国学术之独立，此今日之公论也。……至于本国史学文学思想艺术史等，疑若可以几于独立者，察其实际，亦复不然。近年中国古代及近代史料发见虽多，而具有统系与不涉傅会之整理，犹待今后之努力。今日全国大学未必有人焉，能授本国通史，或一代专史，而胜任愉快者。东洲邻国以三十年来学术锐进之故，其关于吾国历史之著作，非复国人所能追步。昔元裕之、危太朴、钱受之、万季野诸人，其品格之隆污，学术之歧异，不可以一概论；然其心意中有一共同观念，即国可亡，而史不可灭。今日国虽幸存，而国史已失其正统，若起先民于地下，其感慨如何？

《吾国学术之现状及清华之职责》，《二编》

现燕京与哈佛之中国学院经费颇充裕，若此项档案（按：内阁大库档案）归于一外国教会之手，国史之责托于洋人，以旧式感情言之，国之耻也。

1929 年致傅斯年函，《书信集》

弟拟将波斯人所著蒙古史料及西人译本陆续搜集，即日本人皆有之者，以备参考。此等书不可必得，乞寄其名目与欧洲巴黎、伦敦书店，托其购觅。庶几日本人能见之书，我辈亦能见之，然后方可与之竞争，此意谅荷赞同也。

1930 年致傅斯年函，
刘经富《陈寅恪未刊信札整理笺释》

日本人常有小贡献，但不免累赘。东京帝大一派，西学略佳，中文太差；西京一派，看中国史料能力较佳。

杨联陞《陈寅恪先生隋唐史第一讲笔记》,《杂稿》

◎比较语文学

欧洲受基督教之影响至深，昔日欧人往往以希伯来语言为世界语言之始祖，而自附其语言于希伯来语之支流末裔。

迄乎近世，比较语言之学兴，旧日谬误之观念得以革除。因其能取同系语言，如梵语波斯语等，互相比较研究，于是系内各个语言之特性逐渐发见。印欧系语言学，遂有今日之发达。故欲详知确证一种语言之特殊现相及其性质如何，非综合分析，互相比较，以研究之，不能为功。而所与互相比较者，又必须属于同系中大同而小异之语言。盖不如此，则不独不能确定，且常错认其特性之所在，而成一非驴非马，穿凿附会之混沌怪物。因同系之语言，必先假定其同出一源，以演绎递变隔离分化之关系，乃各自成为大同而小异之言语。故分析之，综合之，于纵贯之方面，剖别其源流，于横通之方面，比较其差异。由是言之，从事比较语言之学，必具一历史观念，而具有历史观念者，必不能认贼作父，自乱其宗统也。……西晋之世，僧徒有竺法雅者，取内典外书以相拟配，名曰"格义"，实为赤县神州附会中西学说之初祖。即以今日中国文学系之中外文学比较一类之课程言，亦只能就白乐天等在中国及日本之文学上，或佛教故事在印度及中国文学上之影响及演变等问题，互相比较研究，方符合比较研究之真谛。盖此种比较研究方法，必须具有历史演变及系统异同之观念。否则古今中外，人天龙鬼，无一不可取以相与比较。荷马可比屈原，孔子可比歌德，穿凿附会，怪诞百出，莫可追诘，更无所谓研究之可言矣。比较研究方法之义既如此，故今日中国必先将国文文法之"格义"观念，摧陷廓清，然后遵循藏缅等与汉语同系语言，比较研究之途径进行，将来自可达到真正中国文法成立之日。

《与刘叔雅论国文试题书》,《二编》

若马眉叔之谬种尚在中国文法界有势力，正须摧陷廓清，代以藏缅比较之学。……今日之议论我者，皆痴人说梦，不学无术之徒，未曾梦见世界上有藏缅系比较文法学，及印欧系文法不能适用于中国语言者，因彼等不知有此种语言统系存在，及西洋文法亦有遗传习惯不合于论理，非中国文法之所应取法者也。

1932 年 8 月 17 日致傅斯年函,《书信集》

大作宗旨及方法皆极精确，实获我心。大约中国语言文字之学以后只有此一条路可走也。右文之学即西洋语根之学，但中国因有文字特异之点，较西洋尤复杂，西洋人苍雅之学不能通，故其将来研究亦不能有完全满意之结果可期；此事终不能不由中国人自办，则无疑也。然语根之学实一比较语言之学。读大著所列举诸方法外，必须再详考与中国语同系诸语言，如西藏，缅甸语之类，则其推测之途径及证据，更为完备。此事今日殊不易办，但如德人西门，据高本汉字典以考西藏语，便略有发明。西门中国学至浅，而所以能有少少成绩者，其人素治印欧比较语言学，故于推测语根分化之问题，较有经验故耳。总之，公之宗旨，方法，实足树立将来治中国语言文字学之新基础，若能再取同系之语言以为参证之资料，则庶几可臻于完备之境域也。

（按："右文之学"指因声求义之学；"苍雅之学"指《苍颉篇》《尔雅》而言，当指文字训诂之学。）

1934 年 3 月 6 日致沈兼士函，《书信集》

西藏文《藏经》，多龙树马鸣著作而中国未译者。即已译者，亦可对勘异同。我今学藏文甚有兴趣，因藏文与中文，系同一系文字。如梵文之与希腊拉丁及英俄德法等之同属一系。以此之故，音韵训诂上，大有发明。因藏文数千年已用梵音字母拼写，其变迁源流，较中文为明显。如以西洋语言科学之法，为中藏文比较之学，则成效当较乾嘉诸老更上一层。然此非我所注意也。

《与妹书》，《二编》

盖现在佛经之研究为比较校刊学，以藏文校梵文，而藏文有误，更进一步以蒙文校之，又核以中文或稍参以中央亚细亚出土之零篇断简，始成为完全方法。弟前拟以蒙文《佛所行赞》校藏文本（今梵文本真伪杂糅，非以藏文校读不可），而久不能得，虽托俄人往蒙古库伦代钞，迄不能致。

1929年致傅斯年函，《书信集》

如马鸣所撰《佛所行赞》，为梵文佛教文学中第一作品。寅恪昔年与钢和泰君共读此诗，取中文二译本及藏文译本比较研究，中译似尚逊于藏译。当时亦引为憾事，而无可如何者也。

《论韩愈》，《初编》

至《楞严经》，寅恪十余岁时，已读牧斋所作之《蒙钞》（按：《大佛顶首楞严经疏解蒙钞》），后数年，又于绍氏见一旧本《蒙钞》，上钤牧斋印记，亦莫辨其真伪。近数十年来，中外学人考论此经者多矣，大抵认为伪作。寅恪曩时与钢和泰君共取古今中外有关此经之著述及乾隆时满蒙藏文译本参校推绎。尤注意其咒文，是否复元后，合于梵文之文法及意义。因此得一结论，即此经梵文音译之咒心，实非华人所能伪造。然其前后诸品，则此土文士摭取开元以前关于阿难摩邓伽女故事译文，融会而成。故咒心前后之文，实为伪造，非有梵文原本。譬如一名画手卷，画虽是真，而前后题跋皆为伪造。由是言之，谓此经全真者，固非。谓其全伪者，亦未谛也。当寅恪与钢君共读此经之时，并偶观尚小云君演《摩登伽女》戏剧。今涉笔及此，回思前事，又不觉为之一叹也。

《别传》第三章

前函略言欲于一年内校注《蒙古源流》事，兹再详陈之。《蒙古源流》著录于《四库书目》，然讹误极多，几不可读。王观堂先生临卒前犹勤校此书，然迄未能蒇事。近日既得蒙古文原本，而中国文本系自满文译出，又于景阳宫发见满文本，及蒙文书社新印汉文本，宝瑞臣、王静安等校本，是治此书之一最好机会，故思以一年之期间为之。

1929 年 6 月 21 日致傅斯年、罗家伦函，《五四飞鸿》

◎ "合本子注"

中土佛典译出既多，往往同本而异译，于是有编纂"合本"，以资对比者焉。"合本"与"格义"二者皆六朝初年僧徒研究经典之方法。自其形式言之，其所重俱在文句之比较拟配，颇有近似之处，实则性质迥异，不可不辨也。……可知本子即母子，上列比丘大戒二百六十事中，其大字正文，母也。其夹注小字，子也。盖取别本之义同文异者，列入小注中，与大字正文互相配拟。即所谓"以子从母"，"事类相对"者也。六朝诂经之著作，有"子注"之名，当与此有关。……可知"子注"之得名，由于以子从母，即以子注母。

（按：在佛教文献里，"本"又作"母"，特指校勘时的底本，"子"指其他的对校本；将"本"与"子"合并为一个新文本的整理方式，应称为"合本子"，而陈氏径称"合本"，实不甚准确。）

《支愍度学说考》，《初编》

夫"格义"之比较，乃以内典与外书相配拟。"合本"之比较，乃以同本异译之经典相参校。其所用之方法似同，而其结果迥异。故一则成为傅会中西之学说，如心无义即其一例，后世所有融通儒释之理论，皆其支流演变之余也。一则与今日语言学者之比较研究法暗合，如明代员珂之《楞伽经会译》者，可称独得"合本"之遗意，大藏此方撰述中罕觏之作也。

《支愍度学说考》，《初编》

当时"合本"之方法盛行。释道安有《合放光光赞略解》，支遁有《大小品对比要钞》。《出三藏记集》卷七及卷八载其序文，可以推知其书之概略。支敏度曾合《首楞严经》及《维摩诘经》，盖其人著《传译经录》，必多见异本，综合对比，乃其所长也。……据敏度所言，即今日历史语言学者之佛典比较研究方法，亦何以远过。故不避引用旧闻过多之嫌，特录其序记较详，以见吾国晋代僧徒当时研究佛典，已能精审若是，为不可及也。

《支愍度学说考》，《初编》

　　鄙意衒之习染佛法，其书制裁乃摹拟魏晋南北朝僧徒合本子注之体，刘子玄盖特指其书第五卷惠生宋云道荣等西行求法一节，以立说举例，后代章句儒生虽精世典，而罕读佛书，不知南北朝僧徒著作之中，实有此体，故于《洛阳伽蓝记》一书制裁义例，懜然未解，固无足异。

《读洛阳伽蓝记书后》，《二编》

　　抑更有可申论者，裴松之《三国志注》人所习读，但皆不知其为合本子注之体。刘孝标《世说新语注》亦同一体材，因经后人删削，其合本子注之体材，益难辨识。至《水经注》虽知其有子注，而不知其为合本。前人研治者甚多，然终以不晓此义，无所发明，徒资纷扰，殊可悯惜。

《读洛阳伽蓝记书后》，《二编》

南北朝佛教大行于中国，士大夫治学之法，亦有受其薰习者。寅恪尝谓裴松之《三国志注》、刘孝标《世说新语注》、郦道元《水经注》、杨衒之《洛阳伽蓝记》等，颇似当日佛典中之合本子注。然此诸书皆属乙部，至经部之著作，其体例则未见有受释氏之影响者。惟皇侃《论语义疏》引《论释》（重印按：阮孝绪《七录》载姜处道《论释》一卷，是否即此书待考）以解公冶长章，殊类天竺《譬喻经》之体。殆六朝儒学之士，渐染于佛教者至深，亦尝袭用其法，以诂孔氏之书耶？但此为旧注中所仅见，可知古人不取此法以诂经也。盖孔子说世间法，故儒教经典，必用史学考据，即实事求是之法治之。彼佛教《譬喻》诸经之体例，则形虽似，而实不同，固不能取其法，以释儒家经典也。

《杨树达论语疏证序》,《二编》

裴世期受诏采三国异同，以注陈志。其自言著述之旨，以为注记纷错，每多舛互。凡承祚所不载，而事宜存录者，则罔不毕取，以补其阙。又同说一事，而辞有乖杂，或出事本异，而疑不能判者，则并皆抄内，以备异闻。据此言之，裴氏《三国志注》实一广义之合本子注也。刘孝标《世说新语注》，经后人删略，非复原本。幸日本犹存残卷，得借以窥见刘注之旧，知其书亦广义之合本子注也。郦善长之注《水经》，其体制盖同裴刘，而此书传世，久无善本。虽清儒校勘至勤，蔚成显学，惜合本子注之义，迄未能阐发。然则徐君是本之出，不独能恢复杨记之旧观，兼可推明古人治学之方法。他日读裴刘郦三家之书者，寅恪知其必取之以相参证无疑也。

《徐高阮重刊洛阳伽蓝记序》，《寒柳》

裴世期之注《三国志》，深受当时内典合本子注之薰习。此盖吾国学术史之一大事，而后代评史者，局于所见，不知古今学术系统之有别流，著述体裁之有变例，以喜聚异同，坐长烦芜为言，其实非也。赵宋史家著述，如《续资治通鉴长编》《三朝北盟会编》《建炎以来系年要录》，最能得昔人合本子注之遗意。诚乙部之杰作，岂庸妄子之书，矜诩笔削，自比夏五郭公断烂朝报者所可企及乎？……而《补注》之于辽史，亦将如裴注之附陈志，并重于学术之林，斯则今日发声唱导之时，不胜深愿诚祷者也。

《陈述辽史补注序》，《二编》

◎ "格义"

尝谓自北宋以后援儒入释之理学，皆"格义"之流也。

佛藏之此方撰述中有所谓融通一类者，亦莫非"格义"之流也。即华严宗如圭峰大师宗密之疏《盂兰盆经》，以阐扬行孝之义，作《原人论》而兼采儒道二家之说，恐又"格义"之变相也。然则"格义"之为物，其名虽罕见于旧籍，其实则盛行于后世，独关于其原起及流别，就予所知，尚未有确切言之者。以其为我民族与他民族二种不同思想初次之混合品，在吾国哲学史上尤不可不纪。

《支愍度学说考》,《初编》

（附）

基公《大乘法苑义林章》一所引菩提流支法师别传破刘虬五时判教之说，皆略同《大乘义章》之说，盖同出一源也。可知天台宗五时判教之义，本非创自天台诸祖，不过袭用旧说，而稍变易之耳。然与诸祖先后同时诸大师中，亦有不以五时之说为然者。就吾人今日佛教智识论，则五时判教之说，绝无历史事实之根据。其不可信，岂待详辨？然自中国哲学史方面论，凡南北朝五时四宗之说，皆中国人思想整理之一表现，亦此土自创佛教成绩之一，殆未可厚非也。尝谓世间往往有一类学说，以历史语言学论，固为谬妄，而以哲学思想论，未始非进步者。如《易》非（按："非"似当为"本"之讹）卜筮象数之书，王辅嗣程伊川之《注》《传》（重印按：当指王弼《周易注》、程颐《程氏易传》），虽与《易》之本义不符，然为一种哲学思想之书，或竟胜于正确之训诂。以此推论，则徐健庵成容若之经解，亦未必不于阮伯元王益吾之经解外别具优点，要在从何方面观察评论之耳。

《大乘义章书后》，《二编》

寅恪谓熊十力之新唯识派，乃以 Bergson（按：柏格森）之创化论解佛学。欧阳竟无先生之唯识学，则以印度之烦琐哲学解佛学，如欧洲中世耶教之有 Scholasticism（按：经院哲学），似觉劳而少功，然比之熊君所说尤为正途确解也云云。

吴宓日记 1937 年 6 月 22 日

若十力翁之《乾坤衍》犹未免比附阿时，无异康有为之说孔子托古改制以赞戊戌维新耳。

吴宓日记 1961 年 9 月 1 日

◎历史与神话

神话故事竟以为真，致后来效仿者，不惟宗教史有之，如尧舜等故事之影响于吾国历史是也。

《札记三》高僧传二集之部

考东西文字之蒙古旧史，其世界创造及民族起源之观念，凡有四类。最初者，为与夫余鲜卑诸民族相似之感生说。稍后乃取之于高车突厥等民族之神话。迨受阿剌伯波斯诸国之文化，则附益以天方教之言。而蒙古民族之皈依佛教者，以间接受之于西藏之故，其史书则掇采天竺吐蕃二国之旧载，与其本来近于夫余鲜卑等民族之感生说，及其所受于高车突厥诸民族之神话，追加而混合之。夫蒙古民族最初之时叙述其起源，而冠以感生之说。譬诸栋宇，既加以覆盖，本已成一完整之建筑，若更于其上施以楼阁之工，未尝不可因是益臻美备而壮观瞻。然自建筑方面言之，是谓重叠之工事。有如九成之台，累土而起，七级之塔，历阶而登，其构造之愈高而愈上者，其时代转较后而较新者也。

《彰所知论与蒙古源流》，《二编》

今之《元史》记蒙古民族起源，仅述此感生说，不更追述此前之神话，如《元秘史》及拉施特《集史》之所载者，姑不论其经后世史官删削与否，要为尚不尽失其简单之原始形式。而《秘史》所记世系较《元史》为多者，乃由采用突厥等民族神话，追加附益于其本来固有者之所致。故孛端叉儿以前一十一世之事迹，乃蒙古民族起源史后来向上增建之一新层级，较《元史》之简单感生说，恐尤荒诞不可徵信。……可知《蒙古源流》于《秘史》所追加之史层上，更增建天竺吐蕃二重新建筑，采取并行独立之材料，列为直贯一系之事迹。换言之，即糅合数民族之神话，以为一民族之历史。故时代以愈推而愈久，事迹亦因愈演而愈繁。吾人今日治史者之职责，在逐层削除此种后加之虚伪材料，庶几可略得一近似之真。然近日学人犹有谓"吐蕃蒙兀实一类也。《〔蒙古〕源流》之说，未可厚非"者（见屠寄《蒙兀儿史记·世纪第一》），岂不异哉！

夫逐层向上增建之历史，其例自不限于蒙古史。其他民族相传之上古史，何独不然。今就小彻辰撒囊之《蒙古源流》一书而论，推究其所以致此叠累式之原因，则不得不溯源于《彰所知论》。……其造论亦取天竺吐蕃事迹，联接于蒙兀儿史。于是蒙兀儿史遂为由西藏而上续印度之通史。后来蒙古民族实从此传受一历史之新观念及方法。《蒙古源流》即依此观念，以此方法，采集材料，而成书者。然则帝师此《论》与蒙古史之关系深切若是，虽非乙部之专著，治史者固不可以其为佛藏之附庸而忽视之也。

《彰所知论与蒙古源流》，《二编》

近闻教育部有令，中学历史教科书不得有挑拨国内民族感情之处，于民族战争不得言，要证明民族同源，我以为这是不必的，除近世有些问题，宜慎重处理外，其余不必讳言，也不宜附会。为着证明民族同源，必须将上古史向上推。如拓跋魏自称黄帝之后，欲证明其同源，必须上推溯至黄帝方可。这就将近年来历史学上之一点进步完全抛弃，至为可惜。……在政府此种政策之下，遂有扫黄帝陵之举，殊不知非特不能调和民族间感情，反足以挑拨之也。

人每谓后代之某民族，即古代之某民族。这极危险，极靠不住，极难说。凭毫无证据之玄想的假设，遂于古代之民族间之战争，讳而不言，殊为不当。

不讲民族战争，如汉史不讲与匈奴之战和，本时期不讲华、胡之战，则更无多少事可言。古代史上的民族战争，无避讳之必要。

1936 年 2 月 3 日讲课时言，《年谱长编》

◎古今类比

战胜者收取战败者之珠玉财宝车甲珍器，送于战胜者之本土。或又以兵卒屯驻于战败者之土地。战胜者本土之蔬果，则以其为出征远戍之兵卒夙所习用嗜好之故，辄相随而移植于战败者之土地。以曾目睹者言之，太平天国金陵之败，洪杨库藏多辇致于衡湘诸将之家。而南京菜市冬苋紫菜等蔬，皆出自湘人之移植。清室圆明园之珍藏，陈列于欧西名都之博物馆。而旧京西郊静明园玉泉中所生水菜，据称为外国联军破北京时所播种。此为古今中外战胜者与战败者，其所有物产互相交换之通例。燕齐之胜败，何独不如是乎？……蓟丘之植，自可随留徇齐地之燕军，而移植于汶篁。

《蓟丘之植植于汶篁之最简易解释》,《二编》

又因此可知薛怀义等当时即取旧译之本，附以新疏，巧为傅会。其于昙本原文，则全部袭用，绝无改易。既不伪造，亦非重译。然则王（按：王国维）跋以为："经文但稍加缘饰，不尽伪托。"又云："此疏之成，盖与伪经同颁天下。"则尚有未谛也。盖武曌政治上特殊之地位，既不能于儒家经典中得一合理之证明，自不得不转求之于佛教经典。而此佛教经典若为新译或伪造，则必假托译主，或别撰经文。其事既不甚易作，其书更难取信于人。仍不如即取前代旧译之原本，曲为比附，较之伪造或重译者，犹为事半而功倍。由此观之，近世学者往往以新莽篡汉之故，辄谓古文诸经及《太史公书》等悉为刘歆所伪造或窜改者，其说殆不尽然。寅恪不敢观三代两汉之书，固不足以判决其是非。

《武曌与佛教》,《二编》

僧传所载善声沙门，几全部为居住建康之西域胡人，或建康之土著。盖建康京邑，其地既为政治之中心，而扬州又属滨海区域，故本多胡人居住，《世说新语》政事篇王丞相拜扬州条即是一例。过江名士所以得知此"弹指""兰阇"之胡俗胡语者，或亦由建康胡化之渐染，非必前居洛阳时传习而来也。夫居住建康之胡人依其本来娴习之声调，以转读佛经，则建康土著之僧徒受此特殊环境之薰习，其天赋优厚者往往成为善声沙门，实与今日中国都邑及商港居民善讴基督教祀天赞主之歌颂者，理无二致。此为建康所以多善声沙门之最要主因，而宫廷贵族之提倡尚在其次也。

《四声三问》，《初编》

骑马之技术本由胡人发明。其在军队中有侦察敌情及冲陷敌阵两种最大功用。实兼今日飞机、坦克二者之效力，不仅骑兵运动迅速灵便，远胜于部卒也。

《论唐代之蕃将与府兵》，《初编》

近百年来中国的变迁极速，有划时代的变动。对唐史亦应持此态度，如天宝以前与天宝以后即大不相同，唐代的变动极剧，此点务须牢记。

石泉、李涵《听寅恪师唐史课笔记一则》，《杂稿》

据刘轲之言，牛党所为殊似今日通衢大厦效颦外国政党宣传之标语，岂知吾中国党人早已发明耶？可笑可叹也。

（按：《唐代》手写本此句作："牛党所为殊似今日通衢广张之效颦外国政党宣传标语，岂知吾中国人早已发明此方法耶？可笑，可叹！"）

《唐代》重庆本中篇

神策军有"治外法权"乃当时所公认。

《札记一》新唐书之部

……九姓胡即中亚昭武九姓族类，所谓西域贾胡者是也。其假借回纥势力侨居中国，居赀殖产，殆如今日犹太商人假借欧美列强势力来华通商致富之比耶？斯亦唐代中国在和平时期人民所受外族影响之一例也。

《唐代》下篇

（附）

至老人所谓北胡，名义虽指回纥言，实际则为西域胡人。盖回纥盛时中亚贾胡往往借其名义，以牟利于中国……昭武九姓胡，其人本以善贾著称。既得依借回纥之荫护，侨居长安，殖产业而长子孙。故于长安风俗服装之渐染胡化，实大有关系也。

《读东城老父传》，《初编》

噫！当崇祯之季世，明室困于女真后裔建州之侵逼，岌岌乎不可终日，与天水南渡、开禧之时，复何以异？

《别传》第四章

◎史料运用

至于冯君之书，其取用材料，亦具通识，请略言之。以中国今日之考据学，已足辨别古书之真伪。然真伪者，不过相对问题，而最要在能审定伪材料之时代及作者，而利用之。盖伪材料亦有时与真材料同一可贵。如某种伪材料，若迳认为其所依托之时代及作者之真产物，固不可也。但能考出其作伪时代及作者，即据以说明此时代及作者之思想，则变为一真材料矣。中国古代史之材料，如儒家及诸子等经典，皆非一时代一作者之产物。昔人笼统认为一人一时之作，其误固不俟论。今人能知其非一人一时之所作，而不知以纵贯之眼光，视为一种学术之丛书，或一宗传灯之语录，而断断致辩于其横切方面，此亦缺乏史学之通识所致。而冯君之书，独能于此别具特识，利用材料，此亦应为表章者也。若推此意而及于中国之史学，则史论者，治史者皆认为无关史学，而且有害者也。然史论之作者，或有意，或无意，其发为言论之时，即已印入作者及其时代之环境背景，实无异于今日新闻纸之社论时评。若善用之，皆有助于考史。故苏子瞻之史论，北宋之政论也。胡致堂之史论，南宋之政论也。王船山之史论，明末之政论也。今日取诸人论史之文，与旧史互证，当日政治社会情势，益可借此增加了解，此所谓废物利用，盖不仅能供习文者之摹拟练习而已也。若更推论及于文艺批评，如纪晓岚之批评古人诗集，辄加涂抹，诋为不通。初怪其何以狂妄至是，后读清高宗御制诗集，颇疑其有所为而发。此事固难证明，或亦间接与时代性有关，斯又利用材料之别一例也。

《冯友兰中国哲学史上册审查报告》，《二编》

至于北宋真宗时，日本传来之《大乘止观法门》一书，乃依据《大乘起信论》者，恐系华严宗盛后，天台宗伪托南岳而作。故此书只可认为天台宗后来受华严宗影响之史料，而不能据以论南岳之思想也。

《冯友兰中国哲学史下册审查报告》，《二编》

《世说新语》文学篇阮宣子有令问条，以为阮脩答王衍之言，《晋书》四九《阮瞻传》则以为阮瞻对王戎之语，其他史料关于此者亦有歧异，初视之似难定其是非。其实此问若乃代表当时通性之真实，其个性之真实虽难确定，然不足致疑也。

《隋唐》二

《剧谈录》所纪多所疏误，自不待论。但据此故事之造成，可推见当时社会重进士轻明经之情状，故以通性之真实言之，仍不失为珍贵之社会史料也。

《唐代》中篇

"个性不真实，通性真实"——以小说证史之思路。先师讲课及研究过程中，在掌握史料方面"以诗证史"之例颇多，前人已屡有称述；但"以小说证史"之论点，则在讲课过程中亦有所阐发，大意谓：有些小说中所叙之人与事，未必实有，但此类事，在当时历史条件下，则诚有之。《水浒传》所记梁山泊人物之事迹，多属民间传说甚至虚构，但这类人在当时环境下，从事这类活动，则是真实的。先师称之为："个性不真实，而通性真实。"例如《水浒传》中之"祝家庄"，有无此庄并以"祝"为名，颇难确证，但像祝家庄这类由地主自组武装，并收纳"庄客"之事，则在宋元时，乃是现实。先师并顺便提到《太平广记》中记述一系列短篇小说也反映中唐至五代时社会情况。先师还曾简要地举过《红楼梦》为例，说尽管故事纯属虚构，但也反映了清代前期康雍乾盛世、上层社会之文化水平，及其日趋腐败、中衰状况。

石泉《先师寅恪先生治学思路与方法之追忆（补充二则）》，

《陈寅恪与二十世纪中国学术》

　　寅恪所见，为顾公燮书（按：《消夏闲记选存》）所载，乃保存当日钱柳两人对话之原辞，极可珍贵。所以知者，因其为吴语，且较简单，甚合彼时情景之故。至若《练真吉日记》（按：当作《练贞吉日记》），藻饰最多，尤远于真实矣。此点可取《世说新语》与《晋书》对校，其演变之痕迹，明白可寻。斯固治史者所习知，不待赘论。钱柳此趣文，亦其例证欤？

《别传》第四章

　　自昔长于金石之学者，必为深研经史之人，非通经无以释金文，非治史无以证石刻。群经诸史，乃古史资料多数之所汇集。金文石刻则其少数脱离之片段，未有不了解多数汇集之资料，而能考释少数脱离之片段不误者。先生平日熟读三代两汉之书，融会贯通，打成一片。故其解释古代佶屈聱牙晦涩艰深之词句，无不文从字顺，犁然有当于人心。

《杨树达积微居小学金石论丛续稿序》，《二编》

必定旧材料很熟，而后才能利用新材料。因为新材料是零星发现的，是片断的。旧材料熟，才能把新材料安置于适宜的地位。正像一幅古画已残破，必须知道画的大概轮廓，才能将其一山一树置于适当地位，以复旧观。在今日能利用新材料的，上古史部分必对经书（经史子集的经，也即上古史的旧材料）很熟，中古以下必须更［史］熟。

卞僧慧《"晋至唐史"开课笔记》，《年谱长编》

（另参《编年事辑》1935 年）

通论吾国史料，大抵私家纂述易流于诬妄，而官修之书，其病又在多所讳饰，考史事之本末者，苟能于官书及私著等量齐观，详辨而慎取之，则庶几得其真相，而无诬讳之失矣。韩愈之《顺宗实录》者，朝廷史官撰进之国史也。李复言之《续玄怪录》者，江湖举子投献之行卷也。两书之品质绝不类似，然其所纪元和一代，宪宗与阉宦始终隐秘之关系，转可互相发明。特并举之，用作例证。

《顺宗实录与续玄怪录》，《二编》

顷读大作讫，佩服之至。近来日本人佛教史有极佳之著述，然多不能取材于教外之典籍，故有时尚可供吾国人之补正余地（然亦甚尠矣）。今公此作，以此标题畅发其蕴，诚所谓金针度与人者。就此点言，大作不仅有关明清教史，实一般研究学问之标准作品也。拜诵之后，心悦诚服。

（按：陈智超说明陈垣之作系《从教外典籍见明末清初之天主教》。）

1934 年 4 月 6 日致陈垣函，《书信集》

日本人对我国国学之研究超过中国，工具好，材料多，是中国史学的主要竞争对手。但其弱点为只研究佛教材料如《大藏经》，而不涉及其他文史典籍，只在佛教史中打圈子；或研究唐史而不注意佛教史，因此都不能得到圆满的结果。哲学史、文化史绝非与社会无关者，此一观念必先具备。

石泉、李涵《听寅恪师唐史课笔记一则》，《杂稿》

◎以诗证史

弟近草成一书，名曰《元白诗笺证》，意在阐述唐代社会史事，非敢说诗也。弟前作两书，一论唐代制度，一论唐代政治，此书则言唐代社会风俗耳。

1944 年 8 月 10 日致陈槃函，《书信集》

中国诗与外国诗不同之点 —— 与历史之关系：

中国诗虽短，却包括时间、人事、地理三点。如《唐诗三百首》中有的诗短短二十余字耳，但……外国诗则不然，空洞不着人、地、时，为宗教或自然而作。

……

元白诗证史即是利用中国诗之特点来研究历史的方法。

……

唐人诗中看社会风俗最好。元白诗于社会风俗方面最多，杜甫、李白的诗则政治方面较多。

唐筼《元白诗证史第一讲听课笔记片段》，《杂稿》

综合以上所比证之例言之，凡关于中央政府官吏之俸料，史籍所载额数，与乐天诗文所言者无不相合。独至地方官吏（京兆府县官吏，史籍虽附系于京官之后，其实亦地方官吏也），则史籍所载，与乐天诗文所言者，多不相合。且乐天诗文所言之数，悉较史籍所载定额为多。据此可以推知唐代中晚以后，地方官吏除法定俸料之外，其他不载于法令，而可以认为正当之收入者，为数远在中央官吏之上。

《元白诗中俸料钱问题》，《二编》

（附）

　　开元以前唐人多愿为京官而薄外官。至天宝后正相反，因京官（虚估）、外官（实估），实际所差甚多。

《元白诗证史》,《梁方仲笔记》

　　古诗的题目颇重要，混淆后乃难以分辨，明末人所著《唐音统签》曾加以考证校订。如将唐诗加以有系统之研究，可以成为极好之史料。例如清人杨锺羲的《雪桥诗话》，从诗题中察知若干掌故，可补正史之不足。

石泉、李涵《听寅恪师唐史课笔记一则》,《杂稿》

　　……可知牧斋之注杜，尤注意诗史一点，在此之前，能以杜诗与唐史互相参证，如牧斋所为之详尽者，尚未之见也。

《别传》第五章

◎史料举例

　　《周礼》一书，其真伪及著作年代问题古今说者多矣，大致为儒家依据旧资料加以系统理想化之伟作，盖托古改制而未尝实行者，则无疑义也。自西汉以来，摹仿《周礼》建设制度，则新莽、周文帝、宋神宗，而略傅会其名号者则武则天，四代而已。四者之中三为后人所讥笑，独宇文之制甚为前代史家所称道，至今日论史者尚复如此。

《隋唐》三

《周礼》中可分为两类：一，编纂时所保存之真旧材料，可取金文及《诗》《书》比证。二，编纂者之理想，可取其同时之文字比证。

1953 年 9 月对蒋天枢言，《编年事辑》

《考工记》之作成时代颇晚，要乃为儒家依据其所得之材料，而加以理想化之书，则无可疑。

《隋唐》二

《考工记》作成之时代虽晚，但必为儒家依据其所得之资料，加以理想化编纂之书，似无疑义。

《唐代》中篇

《小戴记》中《大学》一篇疑是西汉中世以前儒家所撰集。至《中庸》一篇，则秦时儒生之作品也。

《书世说新语文学类锺会撰四本论始毕条后》，《初编》

唐史的材料虽不少，但多重复。重复可以有所比较，也有它的好处。史料却少得可怜。加之所有的史料多注重政治，其他各方面则更少了。因此我们只好到地下去寻找碑铭之类的文章。这种文章有一部分是有用的，大部分是不重要人物的记载，对历史无用处。许多墓志的写法，是用同一种格式填充的，也就没价值了。还是唐文集里的墓志，内容比较有价值。

黄萱《唐代史听课笔记片段》,《杂稿》

在中国的古画中，找不到史料。在日本的正仓院，却保存着许多唐朝很有历史价值的画——类似现代的漫画。……日本、朝鲜、安南现尚保存唐代的习惯很多。例如日本尚有霓裳散序遗音及双陆之戏。

《唐书》对于府兵的记载不全。最奇怪的是日本的法令，全似唐朝的法令。除"郡县"之类改为"国"。因此欲知唐的法律，当看日本的法律书。

黄萱《唐代史听课笔记片段》,《杂稿》

伪文中子《元经》（伪为王通作，毫无价值）。

《元白诗证史》,《梁方仲笔记》

新旧《唐书》记载籍贯以《新唐书》为可信，因《旧唐书》据碑志多记郡望也。

在朱延丰论文答辩会所言，朱自清日记 1933 年 3 月 23 日

以诗证事，自宋而大盛，如计有功《唐诗纪事》。但虚伪假造之成分甚多。

《元白诗证史》，《梁方仲笔记》

《通鉴》之考订价值甚高。……读正史后方知《通鉴》之胜。《考异》多有说明。……胡注：温公作《通鉴》，不特纪治乱之迹而已，至于礼乐、历数、天文、地理，尤致其详。读《通鉴》者，如饮河之鼠，各充其量而已。

（杜工部只"出师未捷"二句诗见《通鉴》；屈原不见，宋人早已论及。或温公已怀疑屈平之存在。）读正史必参考《通鉴》！

杨联陞《陈寅恪先生隋唐史第一讲笔记》，《杂稿》

政治部分要看《通鉴》，以《通鉴纪事本末》为参考。要看《通鉴》，不应只看《纪事本末》。今人每好看《纪事本末》，以为此书有合于西洋科学方法，而不看《通鉴》。这实在错误。……所以说《纪事本末》可谓《通鉴》带全文的索

引，可作读《通鉴》时的参考，而不能代替《通鉴》。《纪事本末》不能作为依据，必须看《通鉴》原书。

卞僧慧《"晋至唐史"开课笔记》,《年谱长编》

今人每好用《文献通考》而不用《通典》，因为前者包括的时代长，用着方便，其实不对。《通考》的价值，在于对宋事的批评（不谈其批评的是非）。再早的材料，也不过钞《通典》《通鉴》及正史。

卞僧慧《"晋至唐史"开课笔记》,《年谱长编》

或曰：敦煌者，吾国学术之伤心史也。其发见之佳品，不流入于异国，即秘藏于私家。兹国有之八千余轴，盖当时唾弃之剩余，精华已去，糟粕空存，则此残篇故纸，未必实有系于学术之轻重者在。今日之编斯录也，不过聊以寄其愤慨之思耳！是说也，寅恪有以知其不然，请举数例以明之。……傥综合并世所存敦煌写本，取质量二者相与互较，而平均通计之，则吾国有之八千余轴，比于异国及私家之所藏，又何多让焉。

《陈垣敦煌劫余录序》,《二编》

（附）

微之诗"个个君侯欲梦刀"句，其意谓人皆欲至西蜀一见洪度，如王士治之得为益州刺史，此固易解。……然寅恪少读《晋书》，于"三刀"之义颇不能通。后见唐人写本，往往书"州"字作"刕"形，殆由"州""刀"二字，古代音义俱近之故。（"州"即"岛"也。）唐人书"州"作"刕"，必承袭六朝之旧，用此意以释王濬之梦，李毅之言，少时读史之疑滞，于是始豁然通解矣。

《别传》第四章

是佛经之首冠以《感应》《冥报》传记，实为西北昔年一时风尚。今则世代迁移，当时旧俗，渺不可稽，而其迹象，仍留于外族重翻之本。徵考佛典编纂之体裁者，犹赖之以为旁证，岂不异哉！

《忏悔灭罪金光明经冥报传跋》，《二编》

禅宗自谓由迦叶传心，系据《护法因缘传》。现此书已证明为伪造。达摩之说，我甚疑之。

《与妹书》，《二编》

内阁档案，有明一代史料及清初明清交涉档案，极为重要，现在李木斋先生所。李无暇整理，而贮置赁屋中，上雨旁风，急欲出售，若［苦］无受主；索价仅两万元，盖李以一万八千元购得之者也。研究院如能扩充，则此大宗史料，实可购而整理之云。

陈守实《记梁启超、陈寅恪诸师事》，《追忆》

午间与适之先生及陈寅恪兄餐，谈及七千袋明清档案事。……其中无尽宝藏，盖明清历史，私家记载，究竟见闻有限，官书则历朝改换，全靠不住，政治实情，全在此档案中也。且明末清初，言多忌讳，官书不信，私人揣测失实，而神、光诸宗时代，御房诸政，《明史》均阙。此后《明史》改修，《清史》编纂，此为第一种有价值之材料。……昨日适之、寅恪两先生谈，坚谓此事如任其失落，实文化学术上之大损失，《明史》《清史》，恐因而搁笔。且亦国家甚不荣誉之事也。

傅斯年 1928 年 9 月 11 日致蔡元培函，《傅斯年遗札》

又我辈重在档案中之史料，与彼辈异趣，我以为宝，彼以为无用之物也。

1929 年 3 月 1 日致傅斯年函，《书信集》

忆二十余年前整理明清内阁大库档案，编辑《明清史料》，见乾隆朝三法司档案甚多。

《论再生缘》，《寒柳》

师于史之见解，谓整理史料，随人观玩，史之能事已毕；文章之或今或古，或马或班，皆不必计也。因言《清史》之草率，谓十六年告成，以清代事变之烦剧，断非仓猝间能将三百年之史实一一整理者也。闻史馆中史料残缺殊甚，某人任某门，则某门之史料即须某人以私人资格搜罗。微特浩如烟海之史料，难由一二私人征集，即自海通以还，一切档案，牵涉海外，非由外交部向各国外交当局调阅不可，此岂私人所能为者也？边疆史料，不详于中国载籍，而外人著述却多精到之记载，非征译海外著述不可。又如太平军之役，除官书外，史料亦多缺轶。曾氏初起时，曾遣人至粤侦伺洪氏内幕。此人备历艰险，作有详细报告，成一专书，名曰《贼情回报》（按：书名应为《贼情汇纂》），今其书尚存，于太平军中诸领袖人物，皆为作略历，如小传，一切法制规例，皆列靡遗。此类极有价值之史料，若不出重价购买，则于太平军内容，必难得其详。此事亦非私人所能了。又乾隆以前《实录》，皆不可信，而内阁档案之存者，亦无人过问。清人未入关前史料，今清史馆中人几无一人知之，其于清初开国史，必多附会。

陈守实《记梁启超、陈寅恪诸师事》,《追忆》

◎上古与中古

今日治先秦子史之学，著书名世者甚众。偶闻人言，其间颇有改订旧文，多任己意，而与先生（按：指刘文典）之所为大异者。寅恪平生不能读先秦之书，二者之是非，初亦未敢遽判。继而思之，尝亦能读金圣叹之书矣。其注《水浒传》，凡所删易，辄曰，"古本作某，今依古本改正"。夫彼之所谓古本者，非神州历世共传之古本，而苏州金人瑞胸中独具之古本也。由是言之，今日治先秦子史之学，与先生所为大异者，乃以明清放浪之才人，而谈商周邃古之朴学。其所著书，几何不为金圣叹胸中独具之古本，转欲以之留赠后人，焉得不为古人痛哭耶？

《刘叔雅庄子补正序》，《二编》

寅恪不敢观三代两汉之书，而喜谈中古以降民族文化之史，故承命不辞。欲借是略言清代史学所以不振之由，以质正于先生及当世之学者。……挚仲洽谓杜元凯《春秋释例》本为《左传》设，而所发明，何但《左传》。今日吾国治学之士，竞言古史，察其持论，间有类乎清季夸诞经学家之所为者。

《陈垣元西域人华化考序》，《二编》

但此种同情之态度，最易流于穿凿傅会之恶习。因今日所得见之古代材料，或散佚而仅存，或晦涩而难解，非经过解释及排比之程序，绝无哲学史之可言。然若加以联贯综合之搜集及统系条理之整理，则著者有意无意之间，往往依其自身所遭际之时代，所居处之环境，所熏染之学说，以推测解释古人之意志。由此之故，今日之谈中国古代哲学者，大抵即谈其今日自身之哲学者也。所著之中国哲学史者，即其今日自身之哲学史者也。其言论愈有条理统系，则去古人学说之真相愈远。此弊至今日之谈墨学而极矣。今日之墨学者，任何古书古字，绝无依据，亦可随其一时偶然兴会，而为之改移，几若善博者能呼卢成卢，喝雉成雉之比。此近日中国号称整理国故之普通状况，诚可为长叹息者也。今欲求一中国古代哲学史，能矫傅会之恶习，而具了解之同情者，则冯君此作庶几近之。所以宜加以表扬，为之流布者，其理由实在于是。

《冯友兰中国哲学史上册审查报告》，《二编》

近年国内本国思想史之著作，几尽为先秦及两汉诸子之论文，殆皆师法昔贤"非三代两汉之书不敢观"者，何国人之好古，一至于斯也。

《吾国学术之现状及清华之职责》，《二编》

研上古史，证据少，只要能猜出可能，实甚容易。因正面证据少，反证亦少。近代史不难在搜辑材料，事之确定者多，但难在得其全。中古史之难，在材料之多不足以确证，但有时足以反证，往往不能确断。

杨联陞《陈寅恪先生隋唐史第一讲笔记》，《杂稿》

中古史不像上古史，上古史能有一二材料就能立一说，证据虽不充足，也很难反驳。又不像近代史，材料很多，真伪易辨，难在收集得全。中古史有相当的材料，而不如近代史之多，以致根据一些材料成立一说，就可能又有一些材料可以反驳之，所以困难。

卞僧慧《"隋唐史"开课笔记》，《年谱长编》

陈寅恪先生曾说过，先秦两汉时代史料太少，不易论证；宋以后史料又太多，掌握不全。所以他选择了南北朝隋唐一段，史料多到够论证，但又不至于无法遍读。

周一良《挖一下厚古薄今的根》

清华大学 1932 年秋季的学程说明中，说"以晋初至唐末为一整个历史时期"，当系陈先生所拟定。据传陈先生还曾说过，汉以前历史材料太少，问题不易说清楚，宋以后印刷术发明，书籍大量广泛流通，材料又太多，驾驭不易，所以选取魏晋到隋唐材料多少适中的一段作为研究对象。如果此话属实，也可以帮助解释为何陈先生选择了这个不古不今的段落。

周一良《纪念陈寅恪先生》，《追忆》

陈师在 1936—37 年的隋唐史班上曾一再明讲，由于史料残阙，中国上古史是不易、也不宜作长期研究的对象的。近代史史料多，但需精细考证之处不多。唯有当中一段，尤其是隋唐，史料上虽仍有不少残阙，但一般资料究竟比起上古要多得多，而且还有其他多种古语文的资料，所以最宜于精深的考证，而原创性发明的机会也比较多。我清华同系同屋的黄明信（古藏文的一等专家）在这年的一次系茶会中明明听见陈先生相当大声地说："我真不懂何以今天居然有人会开中国上古史这门课！"……

何炳棣《读史阅世六十年》

谈治史以中古史为先。先生曾经不只一次说过："上古去今太远，无文字记载，有之亦仅三言两语，语焉不详，无从印证。加之地下考古发掘不多，遽难据以定案。画人画鬼，见仁见智，曰朱曰墨，言人人殊，证据不足，孰能定之？中古以降则反是，文献足征，地面地下实物见证时有发见，足资考订，易于着笔，不难有所发明前进。至于近现代史，文献档册，汗牛充栋，虽皓首穷经，迄今无终了之一日，加以地下地面历史遗物，日有新发现，史料过于繁多，几无所措手足。"是知先生治史以治中古史为易于见功力之微旨，非以上古与近现代史为不可专攻也。

王锺翰《陈寅恪先生杂忆》,《追忆》

陈翁之意，殆以为刘汉以前，年代久远，史料难资征信；明清以降，又以为时苦近，资料太多，不易抉择。李唐为中国文化之最高峰，书法、佛经、诗歌、古文、政治制度，均有辉煌之成就，入此宝山，必多创获。

揩元《陈寅恪教授》,《近代中国史家学记》

治上古史，从文献讲首先有个识字的问题，不识字或认错了，就一切无从谈起。再一个是辨别真伪的问题，把后来人假造的"史料"当真的，做立论根据，往往失之毫厘、谬以千里。而且，要讲究第一手资料就不能仅靠文献，地下发掘提供的实物资料尤其重要，这就需要良好的社会条件，不是任何一个史学工作者单凭自己个人努力能够解决的问题。治近古史，则中国从宋代以来，印刷业逐渐发展，史料越来越多，从正史材料到稗官野史、笔记杂谈，多如牛毛，一个史学工作者既要通览一个时代的全局和它的来龙去脉，又要有所专精，是很难做得恰到好处的。比较起来，治中古史，这几个方面的困难要少一点，认字、辨伪的任务比上古史少，史料繁多难于占有的问题比近古史小，可以说是不古不今，但也有它的困难。研究中国中古文化不懂佛学是隔靴搔痒，难得有成就⋯⋯

艾天秩《忆先师陈寅恪先生》

◎学术史批判

然新儒家之产生，关于道教之方面，如新安之学说，其所受影响甚深且远，自来述之者，皆无惬意之作。近日常盘大定推论儒道之关系，所说甚繁，仍多未能解决之问题。盖道藏之秘籍，迄今无专治之人，而晋南北朝隋唐五代数百年间，道教变迁传衍之始末及其与儒佛二家互相关系之事实，尚有待于研究。此则吾国思想史上前修所遗之缺憾，更有俟于后贤追补者也。

《冯友兰中国哲学史下册审查报告》，《二编》

……惟渊明生世在子真（按：范缜）之前，可谓"孤明先发"耳。陶、范俱天师道世家，其思想冥会如此，故治魏晋南北朝思想史，而不究家世信仰问题，则其所言恐不免皮相，此点斯篇固不能详论，然即依陶、范旨趣符同一端以为例论而推之，亦可以思过半矣。

《陶渊明之思想与清谈之关系》，《初编》

盖研究当时士大夫之言行出处者，必以详知其家世之姻族连系及宗教信仰二事为先决条件，此为治史者之常识，无待赘论也。近日梁启超氏于其所撰《陶渊明之文艺及其品格》一文中谓："其实渊明只是看不过当日仕途混浊，不屑与那些热官为伍，倒不在乎刘裕的王业隆与不隆。""若说所争在甚么姓司马的，未免把他看小了。"及"宋以后批评陶诗的人最恭维他耻事二姓，这种论调我们是最不赞成的"。斯则任公先生取己身之思想经历，以解释古人之志尚行动，故按诸渊明所生之时代，所出之家世，所遗传之旧教，所发明之新说，皆所难通，自不足据之以疑沈休文之实录也。

《陶渊明之思想与清谈之关系》，《初编》

府兵之制起于西魏大统，废于唐之天宝，前后凡二百年，其间变易增损者颇亦多矣。后世之考史者于时代之先后往往忽略，遂依据此制度后期即唐代之材料，以推说其前期即隋以前之事实，是执一贯不变之观念，以说此前后大异之制度也，故于此中古史最要关键不独迄无发明，复更多所误会。夫唐代府兵之制，吾国史料本较完备，又得日本《养老令》之宫卫军防诸令条，可以推比补充，其制度概略今尚不甚难知。惟隋以前府兵之制，则史文缺略，不易明悉，而唐人追述前事，亦未可尽信。

《隋唐》六

欧阳永叔以唐之府兵为兵农合一，是也。但概括府兵二百年之全部，认其初期亦与唐制相同，兵农合一，则已谬矣。叶水心以宇文苏绰之府兵为兵农分离，是也。但亦以为其制经二百年之久，无根本之变迁，致认唐高祖太宗之府兵仍是兵农分离之制，则更谬矣。司马君实既误用《家传》（按：《邠侯家传》）以唐制释西魏府兵，而欧阳、叶氏复两失之，宋贤史学，今古罕匹，所以致疏失者，盖史料缺略，误认府兵之制二百年间前后一贯，无根本变迁之故耳。

《隋唐》六

总括言之，杜少陵与安史为同时人，其以杂种目安史，实当时称中亚九姓胡为杂种胡之明证。《旧唐书》多保存原始材料，不多改易词句。故在《旧唐书》为杂种胡，在《新唐书》则易为九姓胡。考宋子京改字之由，其意恐杂种胡一词，颇涉通常混种之义，易启误会，遂别用九姓胡之名。史家遣辞明审，殊足令人钦服。然则唐史新旧两《书》，一则保存当时名称，一则补充其他解释。各有所长，未可偏废，观此一例，即可推知。后人往往轻议子京，亦由不明此义，因特为标出而论证之如此。

《以杜诗证唐史所谓杂种胡之义》,《二编》

鄙意白氏与西域之白或帛氏有关，自不俟言，但吾国中古之时，西域胡人来居中土，其世代甚近者，殊有考论之价值。若世代甚远久，已同化至无何纤微迹象可寻者，则止就其仅余之标帜即胡姓一事，详悉考辨，恐未必有何发见，而依吾国中古史"种族之分，多系于其人所受之文化，而不在其所承之血统"之事例言之，则此类问题亦可不辨。故谓元微之出于鲜卑，白乐天出于西域，固非妄说，却为赘论也。

《白乐天之先祖及后嗣》,《元白》

寅恪颇信《建炎以来系年要录》所载，而以后人翻案之文字为无历史常识。乾隆官本楼钥《攻媿集》中凡涉及妇人之改嫁者，皆加窜易，为之隐讳。以此心理推之，则易安居士固可再醮于生前赵宋之日，而不许改嫁于死后金清之时，又何足怪哉。

《论再生缘》，《寒柳》

商务《四部丛刊》南宋楼钥《攻媿集》中有许多名人之母均改嫁，经清人修订删改。李易安改嫁似应确有其事。

《元白诗证史》，《梁方仲笔记》

昔年尝见王船山之书，痛诋曹子建，以为陈思王之诗文，皆其门客所代作，殊不解何以发此怪论。后来细思之，朱明一代，宗藩固多贤者，其著述亦甚丰富，傥详悉检察稽考，其中当有非宗藩本人自撰，而倩门客书佣代为者，姜斋指桑骂槐，殆由于此耶？

《别传》第五章

世人或谓宗教与政治不同物，是以二者不可参互合论。然自来史实所昭示，宗教与政治终不能无所关涉。即就先生是书所述者言之，明末永历之世，滇黔实当日之畿辅，而神州正朔之所在也。故值艰危扰攘之际，以边徼一隅之地，犹略能萃集禹域文化之精英者，盖由于此。及明社既屋，其地之学人端士，相率遁逃于禅，以全其志节。今日追述当时政治之变迁，以考其人之出处本末，虽曰宗教史，未尝不可作政治史读也。……今先生是书刊印将毕，寅恪不获躬执校雠之役于景山北海之旁，仅远自万里海山之外，寄以序言，借告并世之喜读是书者。谁实为之，孰令致之，岂非宗教与政治虽不同物，而终不能无所关涉之一例证欤？

《陈垣明季滇黔佛教考序》,《二编》

（附）

……河东君之意，以永历为正统，南都倾覆之后，惟西南一隅，尚可继续明祚也。

《别传》第五章

◎学人评论

钱氏（按：钱大昕）虽不显言王氏（按：王鸣盛）之非，然其所依据仍从唐史本传。较之刘孟瞻之误检《通鉴》之纪年，复误信王西庄于大中四年之误置闰月者，其学识相去悬远，信为清代史学家第一人也。

《李德裕贬死年月及归葬传说辨证》,《二编》

任公先生高文博学，近世所罕见。然论者每惜其与中国五十年腐恶之政治不能绝缘，以为先生之不幸。是说也，余窃疑之。尝读元明旧史，见刘藏春姚逃虚皆以世外闲身而与人家国事。况先生少为儒家之学，本董生国身通一之旨，慕伊尹天民先觉之任，其不能与当时腐恶之政治绝缘，势不得不然。……迨先生《异哉所谓国体问题者》一文出，摧陷廓清，如拨云雾而睹青天。然则先生不能与近世政治绝缘者，实有不获已之故。此则中国之不幸，非独先生之不幸也。又何病焉？

《读吴其昌撰梁启超传书后》，《寒柳》

先生之学博矣，精矣，几若无涯岸之可望，辙迹之可寻。然详绎遗书，其学术内容及治学方法，殆可举三目以概括之者。一曰取地下之实物与纸上之遗文互相释证。凡属于考古学及上古史之作，如《殷卜辞中所见先公先王考》及《鬼方昆夷玁狁考》等是也。二曰取异族之故书与吾国之旧籍互相补正。凡属于辽金元史事及边疆地理之作，如《萌古考》及《元朝秘史之主因亦儿坚考》等是也。三曰取外来之观念，与固有之材料互相参证。凡属于文艺批评及小说戏曲之作，如《红楼梦评论》及《宋元戏曲考》《唐宋大曲考》等是也。此三类之著作，其学术性质固有异同，所用方法亦

不尽符会，要皆足以转移一时之风气，而示来者以轨则。吾
国他日文史考据之学，范围纵广，途径纵多，恐亦无以远出
三类之外。

《王静安先生遗书序》，《二编》

总之，寅于此范围一无所知，病中匆读一过，信笔写
其印象而已。不能详绎，愧无贡献以资挥笔。惟尊制精慎明
辨，令人倾佩无已。忆十年前王观堂先生欲作辽史索引，以
移剌部名及其问题见语，寅当时亦未研究及此，颇忘其意旨
所在。王文极明畅，而语言难懂，故未全悉其何所言也。观
其作《脚色考》已注意及此矣。王公旋殁，遗著中亦无文论
及此者，而寅心中觉此事尚必有未发之覆。今日忽读此文，
知学问之道，真是后来居上，不觉欢忻感叹一时交集。

1936 年 1 月 22 日致陈述函，《书信集》

寅恪后见王国维题高野侯藏汪然明刻本《柳如是尺牍》
七绝三首之一云："纤郎名字吾能意，合是广陵王草衣。"足
徵观堂先生之卓识也。

《别传》第四章

　　我初见先生于姚家胡同，那行〔时〕先生兴致很好，除垂询学业外多所指教。当时曾谈：王观堂先生学识精博，自是当世大家，惟王先生作学问兴趣每几年由这一方面转到其他方面，倘若专一为之，所获成绩当更大。先生对观堂先生深表敬佩之忱，亦示应有借鉴之处。语重心长，使人铭记不能忘。

陈述《陈寅恪先生手书信札附记》，
《纪念陈寅恪先生百年诞辰学术论文集》

　　第一次见寅恪先生，他谈到王国维。他说："王观堂是中外闻名的大学者。他的兴趣经常转换。如果他不换，成就会更大。"我体会他是教导我做学问要专一……

刘凤翥、陈智超《陈述先生忆往事》，《年谱长编》

（附）

　　遵王与牧斋之关系，除光绪修《常昭合志稿》三二及同治修《苏州府志》一百本传外，章式之钰《钱遵王读书敏求记校证补辑类记》所载《钱曾传》，颇为详尽，兹不备引，读者可自取参阅。唯忆昔年寅恪旅居北京，与王观堂国维先生同游厂甸，见书摊上列有章氏此书。先生持之笑谓寅恪曰："这位先生（指章式之）是用功的，但此书可以不做。"时市人扰攘，未及详询，究不知观堂先生之意何在？特附记于此，以资谈助。

《别传》第五章

　　近二十年来，国人内感民族文化之衰颓，外受世界思潮之激荡，其论史之作渐能脱除清代经师之旧染，有以合于今日史学之真谛，而新会陈援庵先生之书，尤为中外学人所推服。盖先生之精思博识，吾国学者，自钱晓徵以来，未之有也。……至于先生是书之材料丰实，条理明辨，分析与综合二者俱极其工力，庶几宋贤著述之规模，则读者自能知之，更无待于寅恪之赘言者也。

《陈垣元西域人华化考序》,《二编》

　　中国史学莫盛于宋，而宋代史家之著述，于宗教往往疏略，此不独由于意执之偏蔽，亦其知见之狭陋有以致之。元明及清，治史者之学识更不逮宋，故严格言之，中国乙部之中，几无完善之宗教史。然其有之，实自近岁新会陈援庵先生之著述始。……其搜罗之勤，闻见之博若是。至识断之精，体制之善，亦同先生前此考释宗教诸文，是又读是书者所共知，无待赘言者也。

《陈垣明季滇黔佛教考序》,《二编》

　　此君（按：岑仲勉）想是粤人，中国将来恐只有南学，江淮已无足言，更不论黄河流域矣。

1933 年 12 月 17 日致陈垣函,《书信集》

大著（按：《鬼字原始意义之试探》）读讫，欢喜敬佩之至，依照今日训诂学之标准，凡解释一字即是作一部文化史。中国近日著作能适合此定义者，以寅恪所见，惟公此文足以当之无愧也。

1936 年 4 月 18 日致沈兼士函，《书信集》

此书于朱子之学，多所发明。昔阎百诗在清初以辨伪观念，陈兰甫在清季以考据观念，而治朱子之学，皆有所创获。今此书作者，取西洋哲学观念，以阐明紫阳之学，宜其成系统而多新解。

《冯友兰中国哲学史下册审查报告》，《二编》

吾国近年之学术，如考古历史文艺及思想史等，以世局激荡及外缘薰习之故，咸有显著之变迁。将来所止之境，今固未敢断论。惟可一言蔽之曰，宋代学术之复兴，或新宋学之建立是已。……由是言之，宋代之史事，乃今日所亟应致力者。此为世人所共知，然亦谈何容易耶？盖天水一朝之史料，曾汇集于元修之《宋史》。自来所谓正史者，皆不能无所阙误，而《宋史》尤甚。若欲补其阙遗，正其讹误，必先精研本书，然后始有增订工事之可言。《宋史》一书，于诸正史中，卷帙最为繁多。数百年来，真能熟读之者，实无几人。更何论探索其根据，比较其同异，借为改创之资乎？

邓恭三先生广铭，夙治宋史，欲著《宋史校正》一书，先以《宋史职官志考证》一篇，刊布于世。其用力之勤，持论之慎，并世治宋史者，未能或之先也。……他日新宋学之建立，先生当为最有功之一人，可以无疑也。

《邓广铭宋史职官志考证序》，《二编》

清代同光朝士大夫有清流浊流之分，黄秋岳《花随人圣庵摭忆》论之详矣。黄氏书所论迄于光绪中晚，此后，即光绪之末至清之亡，则未述及。其实光绪之末至清之亡，士大夫仍继续有清浊之别，请依次论之。秋岳之文本分载于当时南京《中央日报》，是时寅恪居北平，教授清华大学，故未得见。及卢沟桥事变，北平沦陷，寅恪随校南迁长沙昆明，后又以病暂寓香港，讲学香港大学。至太平洋战起，乃由香港至桂林成都。日本投降，复远游伦敦，取道巴拿马运河归国，重返清华园，始得读秋岳之书，深赏其旸台山看杏花诗"绝艳似怜前度意，繁枝留待后来人"之句……秋岳坐汉奸罪死，世人皆曰可杀。然今日取其书观之，则援引广博，论断精确，近来谈清代掌故诸著作中，实称上品，未可以人废言也。

《寒柳堂记梦未定稿》，《寒柳》

（附）

同光时代士大夫之清流，大抵为少年科第，不谙地方实情及国际形势，务为高论。由今观之，其不当不实之处颇多。但其所言，实中孝钦后之所忌。卒黜之杀之而后已。若斯之类，其例颇多，不遑枚举。……总而言之，清流士大夫，虽较清廉，然殊无才实。浊流士大夫略具才实，然甚贪污。其中固有例外，但以此原则衡清季数十年间人事世变，虽不中亦不远也。

《寒柳堂记梦未定稿（补）》，《寒柳》

文明与社会

◎中西比较

近读史至法国大革命事，愈见其与吾国之革命前后情形相类。陈君谓西洋各国中，以法人与吾国人，性习为最相近。其政治风俗之陈迹，亦多与我同者。美人则与吾国人，相去最远，境势历史使然也。然西洋最与吾国相类似者，当首推古罗马，其家族之制度尤同。（皆以男系为本，而日耳曼人［今英美］之家族，则以女系为本，或二者杂用并行。）稍读历史，则知古今东西，所有盛衰兴亡之故，成败利钝之数，皆处处符合；同一因果、同一迹象，惟枝节琐屑，有殊异耳。盖天理 Spiritual Law 人情 Human Law，有一无二，有同无异。下至文章艺术，其中细微曲折之处，高下优劣、是非邪正之判，则吾国旧说与西儒之说，亦处处吻合而不相抵触。阳春白雪，巴人下里，口之于味，殆有同嗜。（今国中之妄谈白话文学，或鼓吹女子参政者，彼非不知西国亦轻视此等事。特自欲得名利，而遂悍然无所顾耳。）其例多不胜举。

吴宓日记 1919 年 8 月 31 日

陈君寅恪来，所谈甚多，不能悉记。惟拉杂撮记精要之数条如下：

（一）中国之哲学、美术，远不如希腊，不特科学为逊泰西也。但中国古人，素擅长政治及实践伦理学，与罗马人最相似。其言道德，惟重实用，不究虚理，其长处短处均在此。长处，即修齐治平之旨。短处，即实事之利害得失，观察过明，而乏精深远大之思。故昔则士子群习八股，以得功名富贵；而学德之士，终属极少数。今则凡留学生，皆学工程、实业，其希慕富贵、不肯用力学问之意则一。而不知实业以科学为根本。不揣其本，而治其末，充其极，只成下等之工匠。境遇学理，略有变迁，则其技不复能用，所谓最实用者，乃适成为最不实用。至若天理人事之学，精深博奥者，亘万古，横九垓，而不变。凡时凡地，均可用之。而救国经世，尤必以精神之学问（谓形而上学）为根基。乃吾国留学生不知研究，且鄙弃之，不自伤其愚陋，皆由偏重实用积习未改之故。此后若中国之实业发达，生计优裕，财源浚辟，则中国人经商营业之长技，可得其用；而中国人，当可为世界之富商。然若冀中国人以学问、美术等之造诣胜人，则决难必也。夫国家如个人然，苟其性专重实事，则处世一切必周备，而研究人群中关系之学必发达。故中国孔孟之教，悉人事之学。而佛教则未能大行于中国。尤有说者，专趋实用者，则乏远虑，利己营私，而难以团结，谋长久之公益。即人事一方，亦有不足。今人误谓中国过重虚理，专谋以功利机械之事输入，而不图精神之救药，势必至人欲横流、道义沦丧，即求其输诚爱国，且不能得。西国前史，陈迹昭著，可为比鉴也。

（二）中国家族伦理之道德制度，发达最早。周公之典章制度，实中国上古文明之精华。至若周、秦诸子，实无足称。老、庄思想尚高，然比之西国之哲学士，则浅陋之至。余如管、商等之政学，尚足研究；外则不见有充实精粹之学说。（今人盛称周、秦之国粹，实大误。）汉、晋以还，佛教输入，而以唐为盛。唐之文治武功，交通西域，佛教流布，实为世界文明史上，大可研究者。佛教性理之学 Metaphysics（**按：形而上学**），独有深造，足救中国之缺失，而为常人所欢迎。惟其中之规律，多不合于中国之风俗习惯（如祀祖、娶妻等）。故昌黎等攻辟之。然辟之而另无以济其乏，则终难遏之。于是佛教大盛。宋儒若程若朱，皆深通佛教者。既喜其义理之高明详尽，足以救中国之缺失，而又忧其用夷变夏也。乃求得两全之法，避其名而居其实，取其珠而还其椟。

采佛理之精粹，以之注解四书五经，名为阐明古学，实则吸收异教，声言尊孔避 [辟] 佛，实则佛之义理，已浸渍濡染，与儒教之宗传，合而为一。此先儒爱国济世之苦心，至可尊敬而曲谅之者也。故佛教实有功于中国甚大。（按西洋，当罗马末造，世道衰微，得耶教自东方输入，洗涤人心，扶正纲维。……中国之儒，即西国之希腊哲学。中国之佛，即西国之耶教，特浸渍普通，司空见惯，而人在其中者，乃不自觉耳。——又按中国史事，与西洋史事，可比较者尚多，然此其大纲也。）而常人未之通晓，未之觉察，而以中国为真无教之国，误矣。自得佛教之裨助，而中国之学问，立时增长元气，别开生面。故宋、元之学问、文艺均大盛，而以朱子集其大成。朱子之在中国，犹西洋中世之 Thomas Aquinas（**按：托马斯·阿奎纳**），其功至不可没。而今人以宋、元为衰世，学术文章，卑劣不足道者，则实大误也。欧洲之中世，名为黑暗时代 Dark Ages，实未尽然。吾国之中世，亦〔无？〕不同。甚可研究而发明之也。

（三）自宋以后，佛教已入中国人之骨髓，不能脱离。惟以中国人性趋实用之故，佛理在中国，不得发达，而大乘盛行，小乘不传。而大乘实粗浅，小乘乃佛教古来之正宗也。然惟中国人之重实用也，故不拘泥于宗教之末节，而遵守"攻乎异端，斯害也已"之训，任儒、佛（佛且别为诸多宗派，不可殚数）、回、蒙、藏诸教之并行，而大度宽容 tolerance，不加束缚，不事排挤，故从无有如欧洲以宗教牵入政治，千余年来，虐杀教徒，残毒倾挤，甚至血战百年不息，涂炭生灵。至于今日，各教各派，仍互相仇视，几欲尽铲除异己者而后快。此与中国人之素习适反。今夫耶教不祀祖，又诸多行事，均与中国之礼俗文化相悖，耶教若专行于中国，则中国立国之精神亡。且他教尽可容耶教，而耶教（尤以基督新教为甚）决不能容他教（谓佛、回、道及儒）。必至牵入政治，则中国之统一愈难，而召亡益速。此至可虑之事。今之留学生，动以"耶教救国"为言，实属谬误。又皆反客为主，背理逆情之见也。

（四）凡学问上之大争端，无世无之。邪正之分，表里粗精短长之辨，初无或殊。中国程朱、陆王之争，非仅门户之见，实关系重要。程、朱者，正即西国历来耶教之正宗，主以理制欲，主克己修省，与人为善。若 St. Paul（按：圣保罗），St. Augustine（按：奥古斯丁），Pascal（按：帕斯卡），Dr. Johnson（按：约翰逊）以至今之巴师（按：白璧德）及 More（Paul E.）（按：穆尔）先生皆是也。陆、王者，正即西国 Sophists（按：诡辩派），Stoics（按：斯多葛派），Berkeley（按：乔治·伯克利），以及今 Bergson（按：柏格森）皆是也。一则教人磨厉修勤，而裨益久远；一则顺水推舟，纵性偷懒，而群俗常喜之。其争持情形，固无异也。又如宋儒精于义理之学，而清人则于考据之学，特有深造，发明详尽。训诂之精，为前古所不及，遂至有汉、宋门户之争。西国今日亦适有之，今美国之论文学者，分为二派。一为 Philologists，即汉学训诂之徒也。一为 Dilettantes，即视文章为易事（甚或言白话文学），有类宋儒语录，其文直不成章。于是言文者，不归杨，则归墨。而真知灼见，独立不倚，苦心说道，砥柱横流，如巴师与 More 先生者，则如凤毛麟角。此其迹象，均与中国相类似也。

（按：吴宓注："第四段，多参以宓之见解。惟以上三段，则尽录陈君之语意。"）

吴宓日记 1919 年 12 月 14 日

（附）

旧读《儒林外史》，某有言曰："亭榭如名位，时来则有之，树木如才德，非百年不能成。"昨与陈寅恪君谈，陈君亦云："机械物质之学，顷刻可几者也。哲学文学音乐美术，则精神之学，育于环境，本于遗传，斯即吾国之所谓礼乐是也，礼乐百年而后兴。"

李思纯《与友论新诗书》，《李思纯文集》

每闻人言：中国文化最高，或谓汉族文化最高。汉族文化自为一极高之文化，然遂谓其为世界上最高之文化，则殊不当。如读藏文之正续《藏》，则可知藏族学问甚高。又如在中古时，阿拉伯人有极高之文化。不能因为自己无知遂谓某民族文化甚低，或文化不足道。

1936 年 2 月 3 日讲课时言，《年谱长编》

◎中体西用

综合隋代三大技术家宇文恺、阎毗、何稠之家世事迹推论，盖其人俱含有西域胡族血统，而又久为华夏文化所染习，故其事业皆借西域家世之奇技，以饰中国经典之古制。如明堂、辂辇、衮冕等，虽皆为华夏之古制，然能依托经典旧文，而实施精作之，则不借西域之工艺亦不为功。夫大兴、长安都城宫市之规模取法太和洛阳及东魏高齐邺都南城，犹明堂、车服之制度取法中国之经典也。但其实行营建制造而使成宏丽精巧，则有资于西域艺术之流传者矣，故谓大兴长安城之规模及隋唐大辂、衮冕之制度出于胡制者固非，然谓其绝无系于西域之工艺者，亦不具通识之言者也。前贤有"中学作体，西学为用"之说，若取以喻此，其最适合之义欤?（鲁般为敦煌人之传说，亦与西域及河西建筑工艺有关，见段成式《酉阳杂俎》续集四贬误门引《朝野佥载》。）

《隋唐》二

宫商角徵羽五声者，中国传统之理论也。关于声之本体，即同光朝士所谓"中学为体"是也。平上去入四声者，西域输入之技术也。关于声之实用，即同光朝士所谓"西学为用"是也。盖中国自古论声，皆以宫商角徵羽为言，此学人论声理所不能外者也。至平上去入四声之分别，乃摹拟西域转经之方法，以供中国行文之用。其"颠倒相配，参差变动"，如"天子圣哲"之例者，纯属于技术之方面，故可得而谱。即按谱而别声，选字而作文之谓也。然则五声说与四声说乃一中一西，一古一今，两种截然不同之系统。论理则指本体以立说，举五声而为言，属文则依实用以遣词，分四声而撰谱。

《四声三问》,《初编》

《原道》此节为吾国文化史中最有关系之文字，盖天竺佛教传入中国时，而吾国文化史已达甚高之程度，故必须改造，以蕲适合吾民族、政治、社会传统之特性，六朝僧徒"格义"之学，即是此种努力之表现，儒家书中具有系统易被利用者，则为《小戴记》之《中庸》，梁武帝已作尝试矣。

然《中庸》一篇虽可利用，以沟通儒释心性抽象之差异，而于政治社会具体上华夏、天竺两种学说之冲突，尚不能求得一调和贯彻、自成体系之论点。退之首先发见《小戴记》中《大学》一篇，阐明其说，抽象之心性与具体之政治社会组织可以融会无碍，即尽量谈心说性，兼能济世安民，虽相反而实相成，天竺为体，华夏为用，退之于此以奠定后来宋代新儒学之基础，退之固是不世出之人杰，若不受新禅宗之影响，恐亦不克臻此。又观退之《寄卢仝》诗，则知此种研究经学之方法亦由退之所称奖之同辈中人发其端，与前此经诗著述大意（重印按：当系"与前此经师著述大异"之讹），而开启宋代新儒学家治经之途径者也。

《论韩愈》,《初编》

……此种学说，其是非当否，姑不置论。惟与支那民族传统之伦理观念绝不相容，则不待言。佛法之入中国，其教义中实有与此土社会组织及传统观念相冲突者。如东晋至初唐二百数十年间，"沙门不应拜俗"及"沙门不敬王者"等说见于彦悰六卷之书者（唐彦悰集《沙门不应拜俗议》），皆以委婉之词否认此土君臣父子二伦之议论。然降及后世，国家颁布之法典，既有僧尼应拜父母之条文。僧徒改订之规律，如禅宗重修之《百丈清规》，其首次二篇，乃颂祷崇奉君主之祝釐章及报恩章，供养佛祖之报恩章转居在后。夫僧徒戒本本从释迦部族共和国之法制蜕蝉而来，今竟数典忘祖，轻重倒置，至于斯极。橘迁地而变为枳，吾民族同化之力可谓大矣。但支那佛教信徒，关于君臣父子之观念，后虽同化，当其初期，未尝无高僧大德，不顾一切忌讳，公然出而辩护其教中无父无君之说者。独至男女性交诸要义，则此土自来佛教著述，大抵噤默不置一语。如小乘部僧尼戒律中，颇有涉及者，因以"在家人勿看"之语标识之。盖佛藏中学说之类是者，纵为笃信之教徒，以经神州传统道德所薰习之故，亦复不能奉受。特以其为圣典之文，不敢昌言诋斥。惟有隐秘闭藏，禁绝其流布而已。《莲花色尼出家因缘》中聚麀恶报不载于敦煌写本者，即由于此。

《莲花色尼出家因缘跋》,《寒柳》

（附）

道宣辑《广弘明集》卷二五中集沙门不拜俗事，反映宗教与政治之争论。佛教徒不拜俗，即不拜帝王与父母，属于佛教中的律令。因印度为众选之贵族民主政治，此点反映在宗教上，于是有佛教独立之律令，不受国家与俗家的管束。此点曾对中国六朝和唐代政治发生影响。

石泉、李涵《听寅恪师唐史课笔记一则》,《杂稿》

释迦之教义，无父无君，与吾国传统之学说，存在之制度，无一不相冲突。输入之后，若久不变易，则绝难保持。是以佛教学说，能于吾国思想史上，发生重大久远（按：检冯友兰《中国哲学史》所载陈文，"重大久远"各版作"重大久长"）之影响者，皆经国人吸收改造之过程。其忠实输入不改本来面目者，若玄奘唯识之学，虽震动一时之人心，而卒归于消沉歇绝。近虽有人焉，欲然其死灰，疑终不能复振。其故匪他，以性质与环境互相方圆凿枘，势不得不然也。……至道教对输入之思想，如佛教摩尼教等，无不尽量吸收，然仍不忘其本来民族之地位。既融成一家之说以后，则坚持夷夏之论，以排斥外来之教义。此种思想上之态度，自六朝时亦已如此。虽似相反，而实足以相成。从来新儒家即继承此种遗业而能大成者。窃疑中国自今日以后，即使能忠实输入北美或东欧之思想，其结局当亦等于玄奘唯识之学，在吾国思想史上，既不能居最高之地位，且亦终归于歇绝者。其真能于思想上自成系统，有所创获者，必须一方面吸收输入外来之学说，一方面不忘本来民族之地位。此二种相反而适相成之态度，乃道教之真精神，新儒家之旧途径，而二千年吾民族与他民族思想接触史之所昭示者也。寅恪平生为不古不今之学，思想囿于咸丰同治之世，议论近乎湘乡南皮之间，承审查此书，草此报告，陈述所见，殆所谓"以新瓶而装旧酒"者。诚知旧酒味酸，而人莫肯酤，姑注于新瓶之底，以求一尝，可乎?

《冯友兰中国哲学史下册审查报告》，《二编》

……然寅恪兄之思想及主张，毫未改变，即仍遵守昔年"中学为体，西学为用"之说（中国文化本位论），而认为共产党已遭遇甚大之困难，彼之错误，在不效唐高祖臣事突厥，借其援以成事建国，而唐太宗竟灭突厥，即是中国应走"第三条路线"，与印度、印尼、埃及等国同列，取双方之援助，以为吾利，举足为左右之重轻，独立自主，自保其民族之道德、精神、文化，而不应"一边倒"，为 C.C.C.P. 之附庸。

吴宓日记 1961 年 8 月 30 日

寅恪兄……坚信并力持：必须保有中华民族之独立与自由，而后可言政治与文化。若印尼、印度、埃及之所行，不失为计之得者。反是，则他人之奴仆耳。——寅恪论韩愈辟佛，实取其保卫中国固有之社会制度，其所辟者印度佛教之"出家"生活耳。

吴宓日记 1961 年 9 月 1 日

◎域外文化输入

间接传播文化，有利亦有害。利者如植物移地，因易环境之故，转可发挥其特性而为本土所不能者。如基督教移植欧洲，与希腊哲学接触，而成欧洲中世纪之神学、哲学及文艺是也。其害则辗转间接，致失原来精意，如吾国自日本、美国贩运文化中之不良部分，皆其近例。然其所以致此不良之果者，皆在不能直接研究其文化本原。研究本原，首在通达其言语。中亚语言与天竺同源，虽方言小异，而大致可解，如近世意语之于拉丁。……因此可知中亚人能直接通习梵文，故能直接研究天竺学术之本源。此则间接之害即有亦不甚深也。至其利则中亚大小乘俱盛。

《高僧传笺证稿本》，《札记三》

……此隋定乐兼采梁陈之又一例证也，此部乐器中既有琵琶、箜篌，是亦有胡中乐器，然则亦不得谓之纯粹华夏正声，盖不过胡乐之混杂输入较先者，往往使人不能觉知其为输入品耳。……至云魏周之际遂谓之国伎，则流传既久，浑亡其外来之性质，凡今日所谓国粹者颇多类此，如国医者是也，以非本书范围，故不置论。……隋代上自宫廷，下至民众，实际上最流行之音乐，即此龟兹乐是也。

《隋唐》五

夫琵琶之为胡乐而非华声，不待辨证。而法曲有其器，则法曲之与胡声有关可知也。然则元白诸公之所谓华夷之分，实不过今古之别，但认输入较早之舶来品，或以外国材料之改装品，为真正之国产土货耳。今世侈谈国医者，其无文化学术史之常识，适与相类，可慨也。

《新乐府·法曲》,《元白》

抑尤可论者，微之《立部伎》云："胡部新声锦筵坐。"指坐部伎而言，此唐代新输入之胡乐也。其所谓"中庭汉振高音播"以及乐天所咏之杂戏，指立部伎而言。则后魏北齐杨隋及李唐初年输入之胡乐与胡伎也。至二公所谓雅乐，即法曲之类，其中既不免杂有琵琶等胡器，是亦更早输入之胡乐也。然则二公直以后来居上者，为胡部新声，积薪最下者，为先王雅乐耳。

《新乐府·立部伎》,《元白》

中国医药多从印度传来（中经中亚细亚），宋以后则由阿拉伯传来。

《两晋南北朝史料》,《梁方仲笔记》

◎佛经翻译

寅恪尝谓鸠摩罗什翻译之功,数千年间,仅玄奘可以与之抗席。今日中土佛经译本,举世所流行者,如《金刚》《法华》之类,莫不出自其手。若言普及,虽慈恩犹不能及。所以致此之故,其文不皆直译,较诸家雅洁,应为一主因。但华梵之文,繁简迥不相同,道安《摩诃钵罗若波罗蜜经钞序》所谓"胡经尚质,秦人好文"及"胡经委悉,叮咛反覆,或三或四,不嫌其繁"者是也。

……盖罗什译经,或删去原文繁重,或不拘原文体制,或变易原文。兹以《喻鬘论》梵文原本,校其译文,均可证明。

《童受喻鬘论梵文残本跋》,《二编》

慧远之书,皆本之六朝旧说。可知佛典中,"道"之一名,六朝时已有疑义,固不待慈恩之译《老子》,始成问题也。盖佛教初入中国，名词翻译，不得不依托较为近似之老庄，以期易解。后知其意义不切当，而教义学说，亦渐普及，乃专用对音之"菩提"，而舍置义译之"道"。此时代变迁所致，亦即六朝旧译与唐代新译（此指全部佛教翻译事业，非仅就法相宗言）区别之一例，而中国佛教翻译史中此重公案，与今日尤有关系。吾人欲译外国之书，辄有此方名少之感，斯盖非唐以后之中国人，拘于方以内者所能知矣。

《大乘义章书后》，《二编》

今《心经》梵文原本尚存，"色不异空"一节，共有六句。玄奘译为四句，已从省略。盖宣传宗教，不厌重复。梵文诸经本中，往往有 Peyala 或作 Pya. 即重诵三遍之意。

《敦煌本唐梵翻对字音般若波罗密多心经跋》附记，《二编》

昔玄奘为西土诸僧译中文《大乘起信论》为梵文，道宣记述其事，赞之曰："法化之缘，东西互举。"夫成公（按：法成）之于吐蕃，亦犹慈恩之于震旦；今天下莫不知有玄奘，法成则名字湮没者且千载，迄至今日，钩索故籍，仅乃得之。同为沟通东西学术，一代文化所托命之人，而其后世声闻之显晦，殊异若此，殆有幸与不幸欤！读法成《随听疏》（按：《大乘稻芉经随听疏》）竟，为考其著述概略，并举南山律师（按：道宣）之语，持较慈恩，以见其不幸焉。

《大乘稻芉经随听疏跋》，《二编》

我偶取《金刚经》对勘一过，其注解自晋唐起至俞曲园止，其间数十百家，误解不知其数。我以为除印度西域外国人外，中国人则晋朝唐朝和尚能通梵文，当能得正确之解，其余多是望文生义，不足道也。隋智者大师天台宗之祖师，其解悉檀二字，错得可笑（见《法华玄义》），好在台宗乃儒家《五经正义》二疏之体，说佛经，与禅宗之自成一派，与印度无关者相同，亦不要紧也。

（重印按："二疏之体"应为"义疏之体"，原文"二"或系重文符号。）

《与妹书》，《二编》

◎道德与社会变迁

或问观堂先生所以死之故。应之曰：近人有东西文化之说，其区域分划之当否，固不必论，即所谓异同优劣，亦姑不具言；然而可以得一假定之义焉。其义曰：凡一种文化值衰落之时，为此文化所化之人，必感苦痛。其表现此文化之程量愈宏，则其所受之苦痛亦愈甚；迨既达极深之度，殆非出于自杀无以求一己之心安而义尽也。吾中国文化之定义，具于《白虎通》三纲六纪之说，其意义为抽象理想最高之境，犹希腊柏拉图所谓 Eidos 者。若以君臣之纲言之，君为李煜，亦期之以刘秀；以朋友之纪言之，友为郦寄，亦待之以鲍叔。其所殉之道，与所成之仁，均为抽象理想之通性，而非具体之一人一事。夫纲纪本理想抽象之物，然不能不有所依托，以为具体表现之用；其所依托以表现者，实为有形之社会制度，而经济制度尤其最要者。故所依托者不变易，则依托者亦得因以保存。吾国古来亦尝有悖三纲违六纪无父无君之说，如释迦牟尼外来之教者矣，然佛教流传播衍盛昌于中土，而中土历世遗留纲纪之说，曾不因之以动摇者，其说所依托之社会经济制度未尝根本变迁，故犹能借之以为寄命之地也。近数十年来，自道光之季，迄乎今日，社会经济之制度，以外族之侵迫，致剧疾之变迁；纲纪之说，无所凭依，不待外来学说之掊击，而已销沉沦丧于不知觉之间；虽有人焉，强聒而力持，亦终归于不可救疗之局。盖今日之赤县神州值数千年未有之巨劫奇变；劫尽变穷，则经文化精神所凝聚之人，安得不与之共命而同尽，此观堂先生所以不得不死，遂为天下后世所极哀而深惜者也。

《王观堂先生挽词》序，《诗集》

今先生之书，流布于世，世之人大抵能称道其学，独于其平生之志事，颇多不能解，因而有是非之论。寅恪以谓古今中外志士仁人，往往憔悴忧伤，继之以死。其所伤之事，所死之故，不止局于一时间一地域而已。盖别有超越时间地域之理性存焉。而此超越时间地域之理性，必非其同时间地域之众人所能共喻。然则先生之志事，多为世人所不解，因而有是非之论者，又何足怪耶？尝综揽吾国三十年来，人世之剧变至异，等量而齐观之，诚庄生所谓彼亦一是非，此亦一是非者。若就彼此所是非者言之，则彼此终古末由共喻，以其互局于一时间一地域故也。呜呼！神州之外，更有九州。今世之后，更有来世。其间傥亦有能读先生之书者乎？如果有之，则其人于先生之书，钻味既深，神理相接，不但能想见先生之人，想见先生之世，或者更能心喻先生之奇哀遗恨于一时一地，彼此是非之表欤？

《王静安先生遗书序》，《二编》

寅恪谓凡一国文化衰亡之时，高明之士，自视为此文化之所寄托者，辄痛苦非常，每先以此身殉文化。如王静安先生，是其显著之例。而宓则谓寅恪与宓皆不能逃此范围，特有大小轻重之别耳。

吴宓日记 1927 年 6 月 14 日

中国今日旧道德与新道德两种标准同时并存，有人说旧的已去，新的未到者，殊非事实。此犹同时有两种斗，小人量入用大斗而量出用小斗，好人因此吃亏。今后旧者恐难复存。惟新者来自外国，与我国情每有格格不入之处，亦不应杂采新旧两种不同标准中之有利于己者行之。吾人当准情酌理，行吾心之所安，总以不使旁人吃亏为准绳。至于细微之处，则"大德不逾闲，小德可出入"。

1932 年 3 月 13 日对学生言，《年谱长编》

（又见《编年事辑》，文字略简）

纵览史乘，凡士大夫阶级之转移升降，往往与道德标准及社会风习之变迁有关。当其新旧蜕嬗之间际，常呈一纷纭综错之情态，即新道德标准与旧道德标准，新社会风习与旧社会风习并存杂用。各是其是，而互非其非也。斯诚亦事实之无可如何者。虽然，值此道德标准社会风习纷乱变易之时，此转移升降之士大夫阶级之人，有贤不肖拙巧之分别，而其贤者拙者，常感受苦痛，终于消灭而后已。其不肖者巧者，则多享受欢乐，往往富贵荣显，身泰名遂。其何故也？由于善利用或不善利用此两种以上不同之标准及习俗，以应付此环境而已。譬如市肆之中，新旧不同之度量衡并存杂用，则其巧诈不肖之徒，以长大重之度量衡购入，而以短小

轻之度量衡售出。其贤而拙者之所为适与之相反，于是两者
之得失成败，即决定于是矣。

《艳诗及悼亡诗》,《元白》

◎政治伦理

此序中"侮食相矜，左言若性"之句，出《文选》四六
王元长《三月三日曲水诗序》。遵王已引，不待更释。牧斋
用此典以骂当日降清之老汉奸辈，虽己身亦不免在其中，然
尚肯明白言之，是天良犹存，殊可哀矣。……牧斋之降清，
乃其一生污点。但亦由其素性怯懦，迫于事势所使然。若
谓其必须始终心悦诚服，则甚不近情理。夫牧斋所践之土，
乃《禹贡》九州相承之土，所茹之毛，非女真八部所种之
毛，馆臣阿媚世主之言，抑何可笑。回忆五六十年前，清廷
公文，往往有"食毛践土，具有天良"之语。今读《提要》
（按：《四库全书总目提要》），又不胜桑海之感也。

《别传》第五章

……此首乃深恶当日记载弘光时事野史之诬妄，复自
伤己身无地可托以写此一段痛史也。噫！牧斋在弘光以前本

为清流魁首，自依附马阮，迎降清兵以后，身败名裂，即使著书，能道当日真相，亦不足取信于人。方之蔡邕，尤为可叹也。

《别传》第五章

则天禄（按：张天禄）为当日降将中"关通密约，各怀观望"之一，可知其本为明总兵官，又曾在史可法部下，自亦具有反清之志者。……盖斯为明末清初降于建州诸汉人，每怀反覆之常态也。

《别传》第五章

前一年朝宗欲保全其父，勉应乡试，仅中副榜，实出于不得已。"壮悔堂"之命名，盖取义于此。后来竟有人赋"两朝应举侯公子，地下何颜见李香"之句以讥之。殊不知建州入关，未中乡试，年方少壮之士子，苟不应科举，又不逃于方外，则为抗拒新政权之表示，必难免于罪戾也。

《别传》第四章

前论李素臣事，谓其与侯朝宗之应举，皆出于不得已。子玄之家世及声望约略与侯李相等，故疑其应丁酉科乡试，实出于不得已，盖建州入关之初，凡世家子弟著声庠序之人，若不应乡举，即为反清之一种表示，累及家族，或致身命之危险。否则陆氏虽在明南都倾覆以后，其旧传田产，犹未尽失，自可生活，不必汲汲干进也。

《别传》第五章

又及卞玉京、陈圆圆等与柳之关系，侯朝宗之应试，以父在，不得已而敷衍耳。

吴宓日记 1961 年 9 月 1 日

◎青楼与政治

寅恪尝谓河东君及其同时名姝，多善吟咏，工书画，与吴越党社胜流交游，以男女之情兼师友之谊，记载流传，今古乐道。推原其故，虽由于诸人天资明慧，虚心向学所使然。但亦因其非闺房之闭处，无礼法之拘牵，遂得从容与一时名士往来，受其影响，有以致之也。清初淄川蒲留仙松龄《聊斋志异》所纪诸狐女，大都妍质清言，风流放诞，盖留仙以齐鲁之文士，不满其社会环境之限制，遂发遐思，聊托灵怪以写其理想中之女性耳。实则自明季吴越胜流观之，此辈狐女，乃真实之人，且为篱壁间物，不待寓意游戏之文，于梦寐中以求之也。若河东君者，工吟善谑，往来飘忽，尤与留仙所述之物语仿佛近似，虽可发笑，然亦足借此窥见三百年前南北社会风气歧异之点矣。

《别传》第三章

由是推之，几社诸名流之谦集于南园，其所为所言，关涉制科业者，实居最少部分。其大部分则为饮酒赋诗，放诞不羁之行动。当时党社名士颇自比于东汉甘陵南北部诸贤。其所谈论研讨者，亦不止于纸上之空文，必更涉及当时政治实际之问题。故几社之组织，自可视为政治小集团。南园之谦集，复是时事之坐谈会也。河东君之加入此集会，非如《儒林外史》之鲁小姐以酷好八股文之故，与待应乡会试诸人共习制科之业者。其所参预之课业，当为饮酒赋诗。其所发表之议论，自是放言无羁。然则河东君此时之同居南楼及同游南园，不仅为卧子之女腻友，亦应认为几社之女社员也。……盖河东君夙慧通文，周文岸身旁有关当时政治之闻见，自能窥知涯涘。继经几社名士政论之薰习，其平日天下兴亡匹"妇"有责之观念，因成熟于此时也。……夫河东君以少日出自北里章台之身，后来转具沉湘复楚之志。世人甚赏其奇，而不解其故。今考证几社南园之一段佳话，则知东海麻姑之感，西山精卫之心，匪一朝一夕之故，其来有自矣。

《别传》第三章

呜呼！建州入关，明之忠臣烈士，杀身殉国者多矣。甚至北里名媛，南曲才娃，亦有心悬海外之云（指延平王），目断月中之树（指永历帝），预闻复楚亡秦之事者。然终无救于明室之覆灭，岂天意之难回，抑人谋之不臧耶？君子曰，非天也，人也！

《别传》第五章

儿女情怀与英雄志略，亦未尝不可相反而相成。

《别传》第四章

（附）

牧斋平生有二尤物。一为宋椠《两汉书》，一为河东君。

《别传》第四章

◎情爱与婚姻

是夕，偶及婚姻之事。陈君细述所见欧洲社会实在情形。乃知西洋男女，其婚姻不能自主，有过于吾国人。

……盖天下本无"自由婚姻"之一物，而吾国竟以此为风气，宜其流弊若此也。即如，宪法也，民政也，悉当作如是观。捕风捉影，互相欺骗利用而已。

……

陈君又论情之为物，以西洋所谓 sexology（按：性学）之学，及欧洲之经历参证之，而断曰：（一）情之最上者，世无其人。悬空设想，而甘为之死，如《牡丹亭》之杜丽娘是也。（二）与其人交识有素，而未尝共衾枕者次之，如宝、黛等，及中国未嫁之贞女是也。（三）又次之，则曾一度枕席，而永久纪念不忘，如司棋与潘又安，及中国之寡妇是也。（四）又次之，则为夫妇终身而无外遇者。（五）最下者，随处接合，惟欲是图，而无所谓情矣。此与中国昔人之论有合也。（有情者曰贞，无情者曰淫。）

吴宓日记 1919 年 3 月 26 日

陈君寅恪云，"学德不如人，此实吾之大耻。娶妻不如人，又何耻之有？"又云："娶妻仅生涯中之一事，小之又小者耳。轻描淡写，得便了之可也。不志于学志之大，而竞竞惟求得美妻，是谓愚谬。……"

吴宓日记 1919 年 6 月 30 日

微之《梦游春》自传之诗，与近日研究《红楼梦》之"微言大义"派所言者，有可参证者焉。昔王静安先生论《红楼梦》，其释"秉风情，擅月貌，便是败家的根本"，意谓风情月貌为天性所赋，而终不能不败家者，乃人性与社会之冲突。其旨与西土亚历斯多德之论悲剧，及卢梭之第雄论文暗合。其实微之之为人，乃合甄贾宝玉于一人。其婚姻则同于贾，而仕宦则符于甄。

（按：所言"研究《红楼梦》之'微言大义'派"当指认为《红楼梦》系"自叙传"小说一派，即胡适派，而非指索隐派。又"卢梭之第雄论文"，当指卢梭应第戎学院征文而作的《论人类不平等的起源和基础》。）

《艳诗及悼亡诗》，《元白》

（附）

噫！吾人今日追思崔张杨陈（按：崔莺莺、张生、柳如是、陈子龙）悲欢离合之往事，益信社会制度与个人情感之冲突，诚如卢梭王国维之所言者矣。

《别传》第五章

◎中古门第与婚姻

南北朝之官有清浊之别，如《隋书》二六《百官志》中所述者，即是其例。至于门族与婚姻之关系，其例至多，不须多举。故士大夫之仕宦苟不得为清望官，婚姻苟不结高门第，则其政治地位，社会阶级，即因之而低降沦落。

《艳诗及悼亡诗》，《元白》

可知当时人品地位，实以仕宦婚姻二事为评定之标准。唐代政治社会虽不尽同于前代，但终不免受此种风习之影响。故婚仕之际，仍为士大夫一生成败得失之所关也。

《艳诗及悼亡诗》，《元白》

然则莺莺所出必非高门，实无可疑也。唐世倡伎往往谬托高门……盖当日之人姑妄言之，亦姑妄听之。并非郑重视之，以为实有其事也。

若莺莺果出高门甲族，则微之无事更婚韦氏。惟其非名家之女，舍之而别娶，乃可见谅于时人。盖唐代社会承南北朝之旧俗，通以二事评量人品之高下。此二事，一曰婚，二曰宦。凡婚而不娶名家女，与仕而不由清望官，俱为社会所不齿。……但明乎此，则微之所以作《莺莺传》，直叙其自身始乱终弃之事迹，绝不为之少惭，或略讳者，即职是故也。其友人杨巨源李绅白居易亦知之，而不以为非者，舍弃寒女，而别婚高门，当日社会所公认之正当行为也。

《读莺莺传》，《元白》

政治地位与社会地位初时本不一致。

前者以"宦"为准，后者以"婚"为准。

《两晋南北朝史料》，《梁方仲笔记》

元微之于《莺莺传》极夸其自身始乱终弃之事，而不以为惭疚。其友朋亦视其为当然，而不非议。此即唐代当时士大夫风习，极轻贱社会阶级低下之女子，视其去留离合，所关至小之证。

《琵琶引》，《元白》

◎女性与时尚

乐天此节所咏乃长安故倡自述之言，宜其用坊中语也。……此长安故倡，其幼年家居虾蟆陵，似本为酒家女。又自汉以来，旅居华夏之中亚胡人，颇以善酿著称，而吾国中古杰出之乐工亦多为西域胡种。则此长安故倡，既居名酒之产区，复具琵琶之绝艺，岂即所谓"酒家胡"者耶？

《琵琶引》，《元白》

自汉至唐酒家胡（胡女）以制酒、歌舞、制玻璃为业。

……

凡种葡萄及卖酒之处多为胡人所聚居（以待贾胡）。

今按《教坊记》所载多为西域种姓。故此女子（《琵琶行》）应为胡女。

《元白诗证史》，《梁方仲笔记》

或谓杨贵妃原出隋代河中观王雄之族，观王家庭妾媵中殊有就地娶中亚酒家胡之可能。果尔，则《长恨歌》中"尽日君王看不足"之霓裳羽衣舞，即本自中亚流行之婆罗门舞。又"梨花一枝春带雨"之"梨花"即"偏摘梨花与白人"之"梨花"。此歌两句皆有着落，不同泛语。斯说未有确据，不得视为定论，聊记于此，以资谈助云耳。

《元白》附校补记

乐天则取胡妆别为此篇以咏之。盖元和之时世妆，实有胡妆之因素也。凡所谓摩登之妆束，多受外族之影响。此乃古今之通例，而不须详证者。又岂独元和一代为然哉？

《新乐府·时世妆》，《元白》

当日西北胡人路绝思归之悲苦，形于伎乐，盛行一时既如此，则西北胡人留滞不得归者，其为数之众可以推知也。故贞元、元和之时长安胡服之流行，必与胡人侨寓者之众多有关。若《白氏长庆集》四《新乐府·时世妆》所云"斜红不晕赭面状"及"元和妆梳君记取，髻椎面赭非华风"之赭面，则疑受吐蕃影响而与西域胡人无关也。

《读东城老父传》，《初编》

外夷习俗之传播，必有殊类杂居为之背景。就外交关系言，中唐与吐蕃虽处于或和或战之状态，而就交通往来言，则贞元元和之间，长安五百里外即为唐蕃边疆。其邻接若斯之近，决无断绝可能。此当日追摹时尚之前进分子，所以仿效而成此蕃化之时世妆也。

《新乐府·时世妆》，《元白》

（附）

"长安中少年有胡心"，可与白氏《新乐府·时世妆》参证，盖元和时长安之风尚也。

《札记二》唐人小说之部

兹别有可注意者，许彦周谓元微之"髻鬟峨峨高一尺"句，乃写当时妇女头发之形态，可供研究唐代社会史者之参考。然则当日所谓时髦妇女之发型，有类今日所谓原子爆炸式，或无常式耶？寅恪曾游历海外东西洋诸国，所见当时所诧为奇异者，数十年后，亦已认为通常，不足为怪矣。斯则关于风气之转变，特举以告读司马彪《续汉书·五行志》述"服妖"诸条之君子。

《论再生缘校补记》,《寒柳》

六朝赏识芍药，南齐后至唐遂爱牡丹。《太真外传》无梅妃事，添入梅妃疑始于宋真宗年间。

六朝人爱长脸、瘦瘦的女人，唐人爱圆脸、胖胖的女人。唐人爱牡丹，宋人爱梅花，故北宋末南宋初出现了伪撰的《梅妃传》。

《元白诗证史》,《梁方仲笔记》

盖河东君为人短小，若衣着太多，则嫌臃肿，不得成俏利之状。既衣着单薄，则体热自易放散，遂使旁人有"即之温然"之异感。此耐寒习惯，亦非坚忍性特强之人不易办。或者河东君当时已如中国旧日之乞丐，欧洲维也纳之妇女，略服砒剂，既可御寒，复可令面颊红润。斯乃极谬妄之假说，姑记于此，以俟当世医药考古学人之善美容术者教正。兹有一事可论者，吾国旧时妇女化妆美容之术，似分外用内服两种。属于外用者，如脂粉及香熏之类，不必多举，属于内服者，如河东君有服砒之可能及薛宝钗服冷香丸，即是其例。

《别传》第四章

◎社会风俗杂说

北朝严嫡庶之分，南朝不甚严格，北方大族庶子逃往南朝，此亦一因，因北朝庶子甚难作高官。

《两晋南北朝史料》,《梁方仲笔记》

可知温汤疗疾之风气，本盛行于北朝贵族间。唐世温泉宫之建置，不过承袭北朝习俗之一而已。历代宫殿中如汉代之温室，唐代紫宸殿东之浴堂殿，虽不必供洗浴之用，但其名号疑皆从温汤疗疾之胡风辗转嬗蜕而来。今北京故宫武英殿之浴室，世所妄传为香妃置者，殆亦明清因沿前代宫殿建筑之旧称耶？又今之日本所谓风吕者，原由中国古代输入，或与今欧洲所谓土耳其浴者，同为中亚故俗之遗。寅恪浅陋，姑妄言之，以俟当世博识学人之教正焉。

《长恨歌》，《元白》

南齐沈攸之蜡烛，故自六朝起，烛与灯之用为富与贫人之分。

《元白诗证史》，《梁方仲笔记》

考吾国社会风习，如关于男女礼法等问题，唐宋两代实有不同。此可取今日日本为例，盖日本往日虽曾效则中国无所不至，如其近世之于德国及最近之于美国者然。但其所受影响最深者，多为华夏唐代之文化。故其社会风俗，与中国今日社会风气经受宋以后文化之影响者，自有差别。斯事显浅易见，不待详论也。

《琵琶引》，《元白》

唐代人吃饭，分食，多用匙；广东（按：印度？）用手，中土僧人游印度者，恒以此相比。又从高丽情形及诗中见之。

在朱延丰论文答辩会所言，朱自清日记 1933 年 3 月 23 日

安史之乱，两京士大夫多以家避迁江东。

《札记一》旧唐书之部

岳飞所谓"武官不怕死"者，盖含不妨爱钱之意。飞本人亦未能不爱财，南宋当时将帅如刘光世、韩世忠辈更无论矣。

《札记一》新唐书之部

王胜时文章行谊卓然可称，然其人憎恶河东君，轻薄刻毒丑诋之辞，见诸赋咏者，不一而足。以常情论，似不可解。明季士人门户之见最深，不独国政为然，即朋友往来，家庭琐屑亦莫不划一鸿沟，互相排挤，若水火之不相容。故今日吾人读其著述，尤应博考而慎取者也。

《别传》第三章

　　有清一代，乾隆朝最称承平之世。然陈端生以绝代才华之女子，竟憔悴忧伤而死，身名湮没，百余年后，其事迹几不可考见。江都汪中者，有清中叶极负盛名之文士，而又与端生生值同时者也，作《吊马守真文》，以寓自伤之意，谓"荣期二乐，幸而为男"。今观端生之遭遇，容甫之言其在当日，信有徵矣。

《论再生缘》,《寒柳》

历史·种族

◎汉化与胡化

源氏虽出河西戎类，然其家世深染汉化，源怀之参议律令尤可注意，观高阿那肱之斥源师为汉儿一事，可证北朝胡汉之分，不在种族，而在文化，其事彰彰甚明，实为论史之关要……

《隋唐》二

总而言之，全部北朝史中凡关于胡汉之问题，实一胡化汉化之问题，而非胡种汉种之问题，当时之所谓胡人汉人，大抵以胡化汉化而不以胡种汉种为分别，即文化之关系较重而种族之关系较轻，所谓"有教无类"者是也。

《隋唐》二

汉人与胡人之分别，在北朝时代文化较血统尤为重要。凡汉化之人即目为汉人，胡化之人即目为胡人，其血统如何，在所不论。……夫源师乃鲜卑秃发氏之后裔，明是胡人无疑，而高阿那肱竟目之为汉儿，此为北朝汉人、胡人之分别，不论其血统，只视其所受之教化为汉抑为胡而定之确证，诚可谓"有教无类"矣。

又此点为治吾国中古史最要关键，若不明乎此，必致无谓之纠纷。

《唐代》上篇

蜀薛之自以为薛广德后裔，疑与拓跋魏之自称源出黄帝，同为可笑之附托，固不足深论。即为蜀汉薛永之子孙一事，恐亦有问题。总之，当时世人皆知二族之实为蜀，为鲜卑，而非华夏高门，则无可解免也。然拓跋之部遂生孝文帝，蜀薛之族亦产道衡，俱为北朝汉化之代表人物。圣人"有教无类"之言，岂不信哉！

《魏书司马叡传江东民族条释证及推论》,《初编》

夫欧阳氏累世之文学艺术，实为神州文化之光辉，而究其种类渊源所出，乃不得不疑其为蛮族。然则圣人"有教无类"之言，岂不信哉！寅恪尝于拙著《隋唐制度渊源略论稿》及《唐代政治史述论稿》中，详论北朝汉人与胡人之分别在文化，而不在种族。兹论南朝民族问题，犹斯旨也。

《魏书司马叡传江东民族条释证及推论》，《初编》

　　夫辽东之地，自古以来，为夷汉杂居区域，佟氏最初本为夷族，后渐受汉化。家族既众，其中自有受汉化深浅之分别。佟卜年一家能由科举出身，必是汉化甚深之支派。佟养性养真等为明边将，当是偏于武勇，受汉化不深之房派。明万历天启间，清人欲招致辽东诸族，以增大其势力，故特尊宠佟氏。不仅因其为抚顺之豪族，且利用其本为明边将，能通晓西洋火器之故。然则当日明清东北一隅之竞争，不仅争土地，并亦争民众。熊飞百欲借深受汉化之佟观澜，以挽回已失之辽东人心。清高祖太宗欲借佟养性兄弟，更招降其他未归附之汉族。由是言之，佟氏一族，乃明清两敌国争取之对象。……寅恪尝论北朝胡汉之分，在文化而不在种族。论江东少数民族，标举圣人"有教无类"义。论唐代帝系虽源出北朝文化高门之赵郡李氏，但李虎李渊之先世，则为赵郡李氏中，偏于武勇，文化不深之一支。论唐代河北藩镇，实是一胡化集团，所以长安政府始终不能收复。今论明清之际佟养性及卜年事，亦犹斯意。……噫！三百五十年间，明清国祚俱斩，辽海之事变愈奇。长安棋局未终，樵者之斧柯早烂矣。

《别传》第五章

◎外族血缘的刺激

……则李唐一族之所以崛兴，盖取塞外野蛮精悍之血，注入中原文化颓废之躯，旧染既除，新机重启，扩大恢张，遂能别创空前之世局。故欲通解李唐一代三百年之全史，其氏族问题实为最要之关键。

《李唐氏族之推测后记》，《二编》

寅恪尝谓唐代以异族入主中原，以新兴之精神，强健活泼之血脉，注入于久远而陈腐的文化，故其结果灿烂辉煌，有欧洲骑士文学 Chivalry 之盛况，而唐代文学特富想象，亦由于此云云。予按清之宗室八旗文学，实同于此。大率考据训诂等炫博求深之事，非其所长。但其诗常多清新天真、慧心独造之句，而词尤杰出。凡此悉由天才秉赋，而不系于学力者也。又皆成于自然，而非有意求工者也。惟彼初染文化之生力种族能之耳。

《空轩诗话·雪桥诗话》，《吴宓诗话》

（附）

……朱子之语颇为简略，其意未能详知。然即此简略之语句亦含有种族及文化二问题，而此二问题实李唐一代史事关键之所在，治唐史者不可忽视者也。……若以女系母统言之，唐代创业及初期君主，如高祖之母为独孤氏，太宗之母为窦氏，即纥豆陵氏，高宗之母为长孙氏，皆是胡种，而非汉族。故李唐皇室之女系母统杂有胡族血胤，世所共知，不待阐述……

《唐代》上篇

◎关中本位政策

夫拓跋部族自道武帝入居中原，逐渐汉化，至孝文帝迁都洛阳后，其汉化之程度虽较前愈深，然孝文之所施为，实亦不过代表此历代进行之途径，益加速加甚而已。……故自宣武以后，洛阳之汉化愈深，而腐化乃愈甚，其同时之代北六镇保守胡化亦愈固，即反抗洛阳之汉化腐化力因随之而益强，故魏末六镇之乱，虽有诸原因，如饥馑虐政及府户待遇不平之类，然间接促成武泰元年四月十三日尔朱荣河阴之大屠杀实胡族对汉化政策有意无意中之一大表示，非仅尔朱荣、费穆等一时之权略所致也。其后高欢得六镇流民之大部，贺拔岳、宇文泰得其少数，东西两国俱以六镇流民创业，初自表面观察，可谓魏孝文迁都洛阳以后之汉化政策遭一大打击，而逆转为胡化，诚北朝政治社会之一大变也。

《隋唐》二

自鲜卑拓拔部落侵入中国统治北部之后，即开始施行汉化政策，如解散部落同于编户之类，其尤显著之例也。此汉化政策其子孙遵行不替，及魏孝文帝迁都洛阳，其汉化程度更为增高，至宣武、孝明之世，则已达顶点，而逐渐腐化矣。然同时边塞六镇之鲜卑及胡化之汉族，则仍保留其本来之胡化，而不为洛都汉化之所浸染。故中央政权所在之洛阳其汉化愈深，则边塞六镇胡化民族对于汉化之反动亦愈甚，卒酿成六镇之叛乱，尔朱部落乘机而起。至武泰元年（公元五二八年）四月十三日河阴之大屠杀，遂为胡人及胡化民族反对汉化之公开表示，亦中古史划分时期之重要事变也。六镇鲜卑及胡化汉族既保持胡部特性，而不渐染汉化，则为一善战之民族，自不待言。此民族以饥馑及虐政之故激成反抗（按：此二字三联二版、三版据《唐代》手写本改为"叛乱"），南向迁徙，其大部分辗转移入高欢统治之下。故欢之武力遂无敌于中原，终借此以成其霸业。其他之小部分，由贺拔岳、宇文泰率领西徙，割据关陇，亦能抗衡高氏，分得中国西北部之地，成一北朝东西并峙之局，此治史者所习知也。然宇文氏只分有少数之六镇民族，复局促于关陇一隅之地，终能并吞分有多数六镇民族及雄据山东富饶区域之高齐，其故自非仅由一二君主之贤愚及诸臣材不材之所致，盖必别有一全部系统之政策，为此东西并立之二帝国即周齐两朝胜败兴亡决定之主因，可以断言也。

《唐代》上篇

适值泰（按：宇文泰）以少数鲜卑化之六镇民族窜割关陇一隅之地，而欲与雄据山东之高欢及旧承江左之萧氏争霸，非别树一帜，以关中地域为本位，融冶胡汉为一体，以自别于洛阳、建邺或江陵文化势力之外，则无以坚其群众自信之心理。此绰（按：苏绰）所以依托关中之地域，以继述成周为号召，窃取六国阴谋之旧文缘饰塞表鲜卑之胡制，非驴非马，取给一时，虽能辅成宇文氏之霸业，而其创制终为后王所捐弃，或仅名存而实亡，岂无故哉！质言之，苏氏之志业乃以关中地域观念及魏晋家世学术附合鲜卑六镇之武力而得成就者也。

《隋唐》二

魏孝文以来，文化之正统仍在山东，遥与江左南朝并为衣冠礼乐之所萃，故宇文泰所不得不深相畏忌，而与苏绰之徒别以关陇为文化本位，虚饰《周官》旧文以适鲜卑野俗，非驴非马，借用欺笼一时之人心，所以至其子（武帝）并齐之后，成陵之鬼馁，而开国制度已渐为仇雠敌国之所染化。

《隋唐》二

宇文泰凭借六镇一小部分之武力，割据关陇，与山东、江左鼎足而三，然以物质论，其人力财富远不及高欢所辖之境域，固不待言；以文化言，则魏孝文以来之洛阳及洛阳之继承者邺都之典章制度，亦岂荒残僻陋之关陇所可相比。至于江左，则自晋室南迁以后，本神州文化正统之所在，况值梁武之时庾子山所谓"五十年间江表无事"之盛世乎？故宇文苟欲抗衡高氏及萧梁，除整军务农、力图富强等充实物质之政策外，必应别有精神上独立有自成一系统之文化政策，其作用既能文饰辅助其物质即整军务农政策之进行，更可以维系其关陇辖境以内之胡汉诸族之人心，使其融合成为一家，以关陇地域为本位之坚强团体。此种关陇文化本位之政策，范围颇广，包括甚众，要言之，即阳傅《周礼》经典制度之文，阴适关陇胡汉现状之实而已。

《隋唐》三

北魏晚年六镇之乱，乃塞上鲜卑族对于魏孝文帝所代表拓跋氏历代汉化政策之一大反动，史实甚明，无待赘论。高欢、宇文泰俱承此反对汉化保存鲜卑文化（**按：此二字三联二版、三版据早期刊本改为"国粹"**）之大潮流而兴起之枭杰也。宇文泰当日所凭借之人材地利远在高欢之下，若欲与高氏抗争，则惟有于随顺此鲜卑反动潮流大势之下，别采取一系统之汉族文化，以笼络其部下之汉族，而是种汉化又须有以异于高氏治下洛阳邺都及萧氏治下建康江陵承袭之汉魏晋之二系统，此宇文泰所以使苏绰、卢辩之徒以《周官》之文比附其鲜卑部落旧制，资其野心利用之理由也。苟明乎此，则知宇文泰最初之创制，实以鲜卑旧俗为依归；其有异于鲜卑之制而适符于《周官》之文者，乃黑獭别有利用之处，特取《周官》为缘饰之具耳。八柱国者，摹拟鲜卑旧时八国即八部之制者也。

《隋唐》六

宇文泰率领少数西迁之胡人及胡化汉族割据关陇一隅之地，欲与财富兵强之山东高氏及神州正朔所在之江左萧氏共成一鼎峙之局，而其物质及精神二者力量之凭借，俱远不如其东南二敌，故必别觅一涂径，融合其所割据关陇区域内之鲜卑六镇民族，及其他胡汉土著之人为一不可分离之集团，匪独物质上应处同一利害之环境，即精神上亦必具同出一渊源之信仰，同受一文化之薰习，始能内安反侧，外御强邻。而精神文化方面尤为融合复杂民族之要道。在此以前，秦苻坚、魏孝文皆知此意者，但秦魏俱欲以魏晋以来之汉化笼罩全部复杂民族，故不得不亟于南侵，非取得神州文化正统所在之江东而代之不可，其事既不能成，仅余一宇文泰之新涂径而已。此新涂径即就其割据之土依附古昔，称为汉化发源之地（魏孝文之迁都洛阳，意亦如此，惟不及宇文泰之彻底，故仍不忘南侵也），不复以山东江左为汉化之中心也，其详具于拙著《隋唐制度渊源略论稿》，兹不赘论。此宇文泰之新涂径今姑假名之为"关中本位政策"，即凡属于兵制之府兵制及属于官制之《周官》皆是其事。其改易随贺拔岳等西迁有功汉将之山东郡望为关内郡望，别撰谱牒，纪其所承，又以诸将功高者继塞外鲜卑部落之后，亦是施行"关中本位政策"之例证，如欲解决李唐氏族问题当于此中求之也。

《唐代》上篇

当时汉文化发生了一种调和各部族间的作用。各部族为了统一其所统率的不同的部族，多采用汉文化。……汉化之用处，不止调和各种之部族，且发生一种团结作用。

《两晋南北朝史料》，《梁方仲笔记》

宇文泰与府兵、关陇集团：

兵为胡人，非兵皆汉人。保卫地方兵为乡兵非胡人。胡人部落皆改姓。宇文化（重印按：疑应作"宇文文化"）既不及高欢，更不及梁，故以周文化自居（三代）。关陇集团看不起山东人，其根据为府兵，为一事之两面，不可分者。府兵制即部落兵制。

《两晋南北朝史料》,《梁方仲笔记》

李唐皇室者唐代三百年统治之中心也，自高祖、太宗创业至高宗统御之前期，其将相文武大臣大抵承西魏、北周及隋以来之世业，即宇文泰"关中本位政策"下所结集团体之后裔也。自武曌主持中央政权之后，逐渐破坏传统之"关中本位政策"，以遂其创业垂统之野心。故"关中本位政策"最主要之府兵制，即于此时开始崩溃，而社会阶级亦在此际起一升降之变动。盖进士之科虽创于隋代，然当日人民致身通显之涂径并不必由此。及武后柄政，大崇文章之选，破格用人，于是进士之科为全国干进者竞趋之鹄的。当时山东、江左人民之中，有虽工于为文，但以不预关中团体之故，致遭屏抑者，亦因此政权变革之际会，得以上升朝列，而西魏、北周、杨隋及唐初将相旧家之政权尊位遂不得不为此新兴阶级所攘夺替代。故武周之代李唐，不仅为政治之变迁，实亦社会之革命。若依此义言，则武周之代李唐较李唐之代杨隋其关系人群之演变，尤为重大也。

武周统治时期不久，旋复为唐，然其开始改变"关中本位政策"之趋势，仍继续进行，迄至唐玄宗之世，遂完全破坏无遗。而天宝安史乱后又别产生一新世局，与前此迥异矣。

《唐代》上篇

盖府兵制为宇文泰当日"关中本位政策"中最要之一端，此政策之实情自唐初以降已不复为世人所知，如李繁之《邺侯家传》为唐人论府兵制主要之书，其间多所未谛，他更无论矣……然可由宣公之言推定其在"关中本位政策"犹未完全破坏以前凡操持关中主权之政府即可宰制全国，故政治革命只有中央政治革命可以成功，地方革命则无论如何名正言顺，终归失败，此点可以解释尉迟迥、徐敬业所以失败，隋文帝、武则天所以成功，与夫隋炀帝远游江左，所以卒丧邦家，唐高祖速据关中，所以独成帝业。迨玄宗之世"关中本位政策"完全改变，所以地方政治革命始能成功，而唐室之衰亡实由于地方政治革命之安、史、庞勋、黄巢等之起事（按：此二字三联二版、三版据《唐代》手写本改为"叛乱"），及黄巢部将朱温之篡夺也。

《唐代》中篇

盖河北之人以豪强著称，实为关陇集团之李唐皇室所最忌惮。故太宗虽增置兵府，而不于河北之地设置折冲府者，即因于此。此《玉海》引《唐会要》所谓"河北之地，人多壮勇，故不置府。其诸道亦置"者也。至武则天以山东寒族攫取政权之后，转移全国之重心于洛阳……盖武后以前，唐承西魏、北周、杨隋之遗业，以关陇为本位，聚全国之武力于此西北一隅之地，借之宰制全国，即《玉海》引《唐会要》所谓"举关中之众，以临四方"者。

《论唐代之蕃将与府兵》,《初编》

更总括以上所述者论之，则知有唐一代三百年间其统治阶级之变迁升降，即是宇文泰"关中本位政策"所鸠合集团之兴衰及其分化。盖宇文泰当日融冶关陇胡汉民族之有武力才智者，以创霸业；而隋唐继其遗产，又扩充之。其皇室及佐命功臣大都西魏以来此关陇集团中人物，所谓八大柱国家即其代表也。当李唐初期此集团之力量犹未衰损，皇室与其将相大臣几全出于同一之系统及阶级，故李氏据帝位，主其轴心，其他诸族入则为相，出则为将，自无文武分途之事，而将相大臣与皇室亦为同类之人，其间更不容别一统治阶级之存在也。至于武曌，其氏族本不在西魏以来关陇集团之内，因欲消灭唐室之势力，遂开始施行破坏此传统集团之工作，如崇尚进士文词之科破格用人及渐毁府兵之制等皆是也。此关陇集团自西魏迄武曌历时既经一百五十年之久，自身本已逐渐衰腐，武氏更加以破坏，遂致分崩堕落不可救止。其后皇位虽复归李氏，至玄宗尤称李唐盛世，然其祖母开始破坏关陇集团之工事竟及其身而告完成矣。此集团既破坏后，皇室始与外朝之将相大臣即士大夫及将帅属于不同之阶级。同时阉寺党类亦因是变为一统治阶级，拥蔽皇室，而与外朝之将相大臣相对抗。假使皇室与外廷将相大臣同属于一阶级，则其间固无阉寺阶级统治国政之余地也。抑更可注意者，关陇集团本融合胡汉文武为一体，故文武不殊途，而将相可兼任；今既别产生一以科举文词进用之士大夫阶级，则宰相不能不由翰林学士中选出，边镇大帅之职舍蕃将莫能胜任，而将相文武蕃汉进用之途，遂分歧不可复合。举凡进士科举之崇重，府兵之废除，以及宦官之专擅朝政，蕃将即胡化武人之割据方隅，其事俱成于玄宗之世。斯实宇文泰所创建之关陇集团完全崩溃，及唐代统治阶级转移升降即在此时之徵象。是以论唐史者必以玄宗之朝为时代画分界线，其事虽为治国史者所得略知，至其所以然之故，则非好学深思通识古今之君子，不能详切言之也。

《唐代》上篇

◎山东集团

……高宗此诏以武曌比于西汉"配元生成"之王政君，奸佞词臣之文笔固不可谓不妙，然欲盖弥彰，事极可笑，此文所不欲详及者也。此文所欲唤起读史者注意之一点，即此诏之发布在吾国中古史上为一转捩点，盖西魏宇文泰所创立之系统至此而改易，宇文氏当日之狭隘局面已不适应唐代大帝国之情势，太宗以不世出之英杰，犹不免牵制于传统之范围，而有所拘忌，武曌则以关陇集团外之山东寒族，一旦攫取政权，久居洛阳，转移全国重心于山东，重进士词科之选举，拔取人材，遂破坏南北朝之贵族阶级，运输东南之财赋，以充实国防之力量诸端，皆吾国社会经济史上重大之措施，而开启后数百年以至千年后之世局者也。

《记唐代之李武韦杨婚姻集团》，《初编》

徐世勣者，翟让死后，实代为此系统之领袖，李密不过以资望见推，而居最高之地位耳。密既降唐，其土地人众均为世勣所有，世勣于王世充、窦建德与唐高祖鼎峙竞争之际，盖有举足轻重之势。其绝郑夏而归李唐，亦隋唐间政权转移之大关键也。李唐破灭王、窦，凯旋告庙，太宗为上将，世勣为下将，盖当时中国武力集团最重要者，为关陇六镇及山东豪杰两系统，而太宗与世勣二人即可视为其代表人也。世勣地位之重要实因其为山东豪杰领袖之故，太宗为身后之计欲平衡关陇、山东两大武力集团之力量，以巩固其皇祚，是以委任长孙无忌及世勣辅佐柔懦之高宗，其用心可谓深远矣。后来高宗欲立武曌为后，当日山东山身之朝臣皆赞助其事，而关陇集团代表之长孙无忌及其附属系统之褚遂良等则竭力谏阻，高宗当日虽欲立武氏为后，以元舅大臣之故有所顾虑而不敢行，惟有取决于其他别一集团之代表人即世勣之一言，而世勣竟以武氏为山东人而赞成其事，论史者往往以此为世勣个人道德之污点，殊不知其社会集团之关系有以致之也。……史复言世勣家多僮仆，积粟常数千钟，当是与翟让、张亮同从事农业，而豪富远过之者，即所谓大地主之流也……

《论隋末唐初所谓"山东豪杰"》,《初编》

王皇后本唐皇室旧姻，且其外家柳氏亦是关中郡姓，故为关陇集团所支持，欲借以更巩固其政治之势力也。燕王忠之为太子亦为关陇集团政治上之策略，高宗废黜王皇后并燕王忠之储位，而改立山东寒族之武氏及立其子为太子，此为关陇集团所万不能容忍者，长孙无忌等之力争实以关系重大之故，非止皇室之家事而已也。

《记唐代之李武韦杨婚姻集团》,《初编》

山东士族本来的势力很大，为唐室所忌，却无法消灭之。唐皇室不愿与他们通婚姻。北朝和南朝的贵族本同一来源。南朝的贵族先消亡，而北朝仍保存。高等门第为一般人所羡慕。唐太宗的宰相如房玄龄、魏徵、李勣（徐世勣），仍保持山东士族的势力。武则天、高宗时代，以科举制度，始施破坏门阀势力，提拔了小地主，或破落户及胡人。

黄萱《唐代史听课笔记片段》，《杂稿》

◎山东、藩镇与胡化

冀、定、瀛、相、济、青、齐、徐、兖诸州皆隋末唐初间山东豪杰之出产地，其地实为北魏屯兵营户之所在。由此推测此集团之骁勇善战，中多胡人姓氏（翟让之"翟"亦是丁零姓），胡种形貌（如徐世勣之类），及从事农业，而组织力又强。求其所以然之故，苟非假定此集团为北魏镇兵之后裔，则殊难解释。

《论隋末唐初所谓"山东豪杰"》，《初编》

窦建德、刘黑闼等徒党为隋末唐初间最善战斗而有坚固组织之集团，实是唐室之劲敌……观殷侨之碑文，知窦建德死后逾二百年，其势力在旧地犹若此，与后来安禄山、史思明死后，其势力终未衰歇，而成唐代藩镇之局者，似颇相类，其必有民族特殊性存乎其间，可以推知也。

《论隋末唐初所谓"山东豪杰"》，《初编》

因唐代自安史乱后，名义上虽或保持其一统之外貌，实际上则中央政府与一部分之地方藩镇，已截然划为二不同之区域，非仅政治军事不能统一，即社会文化亦完全成为互不关涉之集团，其统治阶级氏族之不同类更无待言矣。盖安史之霸业虽俱失败，而其部将及所统之民众依旧保持其势力，与中央政府相抗，以迄于唐室之灭亡，约经一百五十年之久，虽号称一朝，实成为二国。史家述此，不得不分之为二，其理由甚明也。

《唐代》上篇

唐代中国疆土之内，自安史乱后，除拥护李氏皇室之区域，即以东南财富及汉化文化维持长安为中心之集团外，尚别有一河北藩镇独立之团体，其政治、军事、财政等与长安中央政府实际上固无隶属之关系，其民间社会亦未深受汉族文化之影响，即不以长安、洛阳之周孔名教及科举仕进为其安身立命之归宿。故论唐代河北藩镇问题必于民族及文化二端注意，方能得其真相所在也。……此可以代表河北社会通常情态，其尚攻战而不崇文教。质言之，即渐染胡化深而汉化浅也。当时汉化之中心在长安，以诗赋举进士致身卿相为社会心理群趋之鹄的。故当日在长安文化区域内有野心而不得意之人，至不得已时惟有北走河朔之一途。……然于此益见大唐帝国之后半期其中含有两独立敌视之团体，而此二团体之统治阶级，其种族文化亦宜有不同之点在也。

《唐代》上篇

大唐帝国自安史乱后，名虽统一，实则分为两部。其一部为安史将领及其后裔所谓藩镇者所统治，此种人乃胡族或胡化汉人。其他一部统治者，为汉族或托名汉族之异种。其中尤以高等文化之家族，即所谓山东士人者为代表。此等人群推戴李姓皇室，维护高祖太宗以来传统之旧局面，崇尚周孔文教，用进士词科选拔士人，以为治术者。自与崇尚弓马，以战斗为职业之胡化藩镇区域迥然不同。河北旧壤为山东士人自东汉魏晋北朝以降之老巢，安史乱后已沦为胡化藩镇之区域，则山东士人之舍弃其祖宗之坟墓故地，而改葬于李唐中央政府所在之长安或洛阳，实为事理所必致，固无足怪也。

《论李栖筠自赵徙卫事》,《二编》

　　盖自玄宗开元初，东突厥衰败后，其本部及别部诸胡族先后分别降附中国，而中国又用绥怀政策，加以招抚。于是河北之地，至开元晚世，约二十年间，诸胡族入居者日益众多，喧宾夺主，数百载山东士族聚居之旧乡，遂一变而为戎区。辛有见被发野祭于伊川，实非先兆，而成后果矣。夫河北士族大抵本是地方之豪强，以雄武为其势力之基础，文化不过其一方面之表现而已。今则忽遇塞外善于骑射之胡族，土壤相错杂，利害相冲突，卒以力量不能敌抗之故，惟有舍弃乡邑，出走他地之一途。当李栖筠年未弱冠之时，即玄宗开之晚年，河北社会民族之情状如此，斯实吾国中古史之一大事，又不仅关系李栖筠一家也。

　　　　　　　　　　《论李栖筠自赵徙卫事》，《二编》

　　河北本为胡化地域，安、史所以能以之为根据。故安、史之乱乃外患而兼内乱，非单纯之内乱，亦略似西晋刘、李之乱也。

　　　　　　　　　　　　《札记一》新唐书之部

◎蕃将与义儿

窦建德自言出于汉代外戚之窦氏，实则鲜卑纥豆陵氏之所改，实是胡种也。……然则刘黑闼不独出于胡种，其胡化之程度盖有过于窦建德者矣。其以武健见赏于王世充，任马军总管，又在窦建德军中常为斥候，以神勇著称，此正胡人专长之骑射技术，亦即此集团的战斗力所以特强之故，实与民族性有关，决非偶然也。

《论隋末唐初所谓"山东豪杰"》，《初编》

泉献诚、薛土摩支皆蕃将也。武则天时，蕃将之武艺已远胜于汉人，于此可见。《邺侯家传》言府兵制之破坏实始于则天时，此亦一旁证。盖宇文泰所鸠合之六镇关陇胡汉混合集团至武曌时已开始崩溃，不待玄宗朝，而汉将即此混合集团之首领，其不如蕃将之善战已如此矣。

《唐代》上篇

当玄宗文治武功极盛之世，渔阳鼙鼓一鸣，而两京不守。安禄山之霸业虽不成，然其部将始终割据河朔，与中央政府抗衡，唐室亦从此不振，以至覆亡。古今论此役者止归咎于天宝政治宫廷之腐败，是固然矣；独未注意安史之徒乃自成一系统最善战之民族，在当日军事上本来无与为敌者也。

《唐代》上篇

以唐代之武功言，府兵虽至重要，然其重要性殊有时间限制，终不及蕃将一端，其关系至深且巨，与李唐一代三百年相终始者，所可相比也。……玄宗后半期以蕃将代府兵，为其武力之中坚，而安史以蕃将之资格，根据河北之地，施行胡化政策。恢复军队部落制，即"外宅男"或义儿制。故唐代藩镇如薛嵩、田承嗣之徒，虽是汉人，实同蕃将。其军队不论是何种族，实亦同胡人部落也。延及五代，"衙兵"尚是此"外宅男"之遗留。读史者综观前后演变之迹象，自可了然矣。寅恪尝谓欧阳永叔深受北宋当时"濮议"之刺激，于其所著《五代史记》特标《义儿传》一目，以发其感愤。然所论者仅限于天性、人伦、情谊、礼法之范围，而未知五代义儿之制，如后唐义儿军之类，实源出于胡人部落之俗。盖与唐代之蕃将同一渊源者。若专就道德观点立言，而不涉及史事，似犹不免未达一间也。

《论唐代之蕃将与府兵》，《初编》

……足知当时畜养义子之风气尚不盛，但后来河北藩镇及五代将帅则受胡化，故多畜义子，盖部落遗制也。

《札记一》旧唐书之部

历史·阶层

◎家族、地域与学术

盖自汉代学校制度废弛，博士传授之风气止息以后，学术中心移于家族，而家族复限于地域，故魏、晋、南北朝之学术、宗教皆与家族、地域两点不可分离。

《隋唐》二

河陇一隅所以经历东汉末、西晋、北朝长久之乱世而能保存汉代中原之学术者，不外前文所言家世与地域之二点，易言之，即公立学校之沦废，学术之中心移于家族，太学博士之传授变为家人父子之世业，所谓南北朝之家学者是也。又学术之传授既移于家族，则京邑与学术之关系不似前此之重要。当中原扰乱京洛丘墟之时，苟边隅之地尚能维持和平秩序，则家族之学术亦得借以遗传不坠。

《隋唐》二

……足知当日学术中心在家族而不在学校，凉州一隅，其秩序较中原为安全，故其所保存者亦较中原为多。

《隋唐》二

但东汉学术之重心在京师之太学，学术与政治之关锁则为经学，盖以通经义、励名行为仕宦之途径，而致身通显也。自东汉末年中原丧乱以后，学术重心自京师之太学移转于地方之豪族，学术本身虽亦有变迁，然其与政治之关锁仍循其东汉以来通经义、励名行以致从政之一贯轨辙。

《唐代》中篇

盖有自（重印按：疑应作"自有"）东汉末年之乱，首都洛阳之太学，失其为全国文化学术中心之地位，虽西晋混一区宇，洛阳太学稍复旧观，然为时未久，影响不深。故东汉以后学术文化，其重心不在政治中心之首都，而分散于各地之名都大邑。是以地方之大族盛门乃为学术文化之所寄托。中原经五胡之乱，而学术文化尚能保持不坠者，固由地方大族之力，而汉族之学术文化变为地方化及家门化矣。故论学术，只有家学之可言，而学术文化与大族盛门常不可分离也。

《崔浩与寇谦之》，《初编》

◎北人与南人

东晋元帝者，南来北人集团之领袖。吴郡顾荣者，江东士族之代表。元帝所谓"国土"者，即孙吴之国土。所谓"人"者，即顾荣代表江东士族之诸人。当日北人南来者之心理及江东士族对此种情势之态度可于两人问答数语中窥知。顾荣之答语乃允许北人寄居江左，与之合作之默契。此两方协定既成，南人与北人戮力同心，共御外侮，而赤县神州免于全部陆沉，东晋南朝三百年之世局因是决定矣。

《述东晋王导之功业》，《初编》

东晋南朝官吏接士人则用北语，庶人则用吴语，是士人皆北语阶级，而庶人皆吴语阶级……琅邪王导本北人，沛国刘惔亦是北人，而又皆士族。然则导何故用吴语接之？盖东晋之初，基业未固，导欲笼络江东之人心，作吴语者，乃其开济政策之一端也。……然此不过一时之权略，自不可执以为江左三百载之常规明矣。

《东晋南朝之吴语》，《二编》

后来北魏孝文帝为诸弟聘汉人士族之女为妃及禁止鲜卑人用鲜卑语，施行汉化政策，借以巩固鲜卑统治地位，正与王导以笼络吴人之故求婚陆氏强作吴语者，正复暗合。……吴语者当时统治阶级之北人及江左吴人士族所同羞用之方言，王导乃不惜屈尊为之，故宜为北人名士所笑，而导之苦心可以推见也。

《述东晋王导之功业》，《初编》

总而言之，西晋末年北人被迫南徙孙吴旧壤，当时胡羯强盛，而江东之实力掌握于孙吴旧统治阶级之手，一般庶族势力微薄，观陈敏之败亡，可以为证。王导之笼络江东士族，统一内部，结合南人北人两种实力，以抵抗外侮，民族因得以独立，文化因得以续延，不谓民族之功臣，似非平情之论也。……呜呼！当永嘉之世，九州空荒，但仅存江南吴土尚得称康平丰盛者，是谁之力欤？

《述东晋王导之功业》，《初编》

世人以为王右军谢康乐为吾国文学艺术史上特出之人物，其欣赏自然界美景之能力甚高，而浙东山水佳胜，故于此区域作"求田问舍"之计，此说固亦可通，但难解释阳羡溪山之幽美甲于江左，而又在长江流域，王、谢诸名士何以舍近就远，东过浙江"求田问舍"，特留此幽美之溪山，以待后贤之游赏耶？鄙意阳羡溪山虽美，然在"杀虎斩蛟"之义兴周氏势力范围以内，王、谢诸名士之先世及本身断不敢亦不能与此吴地豪雄大族竞争。故唯有舍幽美之胜地，远至与王导座上群胡同类任姓客所居临海郡接近之区域，为养生适意之"乐园"耳。由此言之，北来上层社会阶级虽在建业首都作政治之活动，然其殖产兴利为经济之丌发，则在会稽临海间之地域。故此一带区域亦是北来上层社会阶级所居住之地也。

《述东晋王导之功业》,《初编》

刘陈二族，出自寒微，以武功特起。二萧氏之家世，虽较胜于宋陈帝室，然本为将家，亦非文化显族，自可以善战之社会阶级视之。然则南朝之政治史概括言之，乃北人中善战之武装寒族为君主领袖，而北人中不善战之文化高门，为公卿辅佐。互相利用，以成此江左数百年北人统治之世局也。……然江左侨寓之寒族北人，至南朝后期，即梁代亦成为不善战之民族。当时政府乃不能不重用新自北方南来之降人以为将帅。及侯景变起，梁室恃以抗御及平定此乱者，固为新来之北人，而江陵朝廷所倚之纾难求急之将领，亦竟舍囚系待决之逆羯降酋莫属。斯诚江左世局之一大变。无怪乎陈室之兴起，其所任大将多为南方土豪洞主，与东晋刘宋之时，情势迥异。若非隋文灭陈，江左偏安之局于是告终，否则，依当时大势所趋推之，陈室皇位，终必为其武将首领所篡夺。江东大宝或不免轮转而入于南方土族之手耶？

《魏书司马叡传江东民族条释证及推论》，《初编》

侯景之乱，不仅于南朝政治上为巨变，并在江东社会上，亦为一划分时期之大事。其故即在所谓岩穴村屯之豪长乃乘此役兴起，造成南朝民族及社会阶级之变动。盖此等豪酋皆非汉末魏晋宋齐梁以来之三吴士族，而是江左土人，即魏伯起所谓巴蜀溪俚诸族。是等族类在此以前除少数例外，大抵为被压迫之下层民族，不得预闻南朝之大政及居社会高等地位者也。

南朝当侯景乱兴，中央政权崩溃之际，岩穴村屯之豪酋乘机竞起，或把持军队，或割据地域，大抵不出二种方式：一为率兵入援建邺，因而坐拥大兵。一为啸聚徒众，乘州郡主将率兵勤王之会，以依法形式，或势力强迫，取代其位。

《魏书司马叡传江东民族条释证及推论》，《初编》

北人渡江至梁时已失去统治的力量。故武将求之于北魏降将（侯景），宰相求之于吴寒人（朱异）。

《两晋南北朝史料》，《梁方仲笔记》

梁之灭亡事实上即等于南朝之灭亡。永嘉南渡之北人几尽死于台城，其自陕西南下汉水居于江陵一带之北人（文化北人），江陵破时又为西魏所杀所掳。梁亡结束了永嘉北人南渡之局面。

《两晋南北朝史料》，《梁方仲笔记》

◎士族与党争

……可知对于中原甲姓，压抑摧毁，其事创始于太宗，而高宗继述之，遂成李唐帝室传统之政略。魏晋以来门第之政治社会制度风气，以是而渐次颓坏毁灭，实古今世局转移升降枢机之所在，其事之影响于当时及后世者至深且久。兹考李唐氏族所出，因略推论其因果关系，附于篇末，以为治唐史者之一助。

《李唐氏族之推测》，《二编》

自武则天专政破格用人后，外廷之显贵多为以文学特见拔擢之人。而玄宗御宇，开元为极盛之世，其名臣大抵为武后所奖用者。及代宗大历时常衮当国，非以辞赋登科者莫得进用。自德宗以后，其宰相大抵皆由当日文章之士由翰林学士升任者也。……可知进士之科虽设于隋代，而其特见尊重，以为全国人民出仕之唯一正途，实始于唐高宗之代，即武曌专政之时。及至玄宗，其局势遂成凝定，迄于后代，因而不改。故科举制之崇重与府兵制之破坏俱起于武后，成于玄宗。其时代之符合，决非偶然也。……可知唐代自安史乱后，其宰相大抵为以文学进身之人。此新兴阶级之崛起，乃武则天至唐玄宗七八十年间逐渐转移消灭宇文泰以来胡汉六镇民族旧统治阶级之结果。若取《新唐书》《宰相表》及《宰相世系表》与《列传》所载其人之家世籍贯及出身等互相参证，于此三百年间外廷士大夫阶级废兴转移之大势尤易明了也。

《唐代》上篇

开元时如姚崇、宋璟、张说、张九龄等先后任将相，此诸人皆为武曌所拔用，故亦皆是武氏之党，固不待论。即天宝时最有实权之宰相，先为李林甫，后为杨国忠，此二人之任用实与力士有直接或间接之关系，故亦不可谓不与武氏有关系也。此武氏政治势力自高宗初年至玄宗末年虽经神龙之复辟，而历久不衰之主因，力士在玄宗朝其地位重要亦可以推知矣。

《记唐代之李武韦杨婚姻集团》，《初编》

夫士族之特点既在其门风之优美，不同于凡庶，而优美之门风实基于学业之因袭。故士族家世相传之学业乃与当时之政治社会有极重要之影响……此点在河北即所谓山东地域尤为显著，实与唐高宗、武则天后之专尚进士科，以文词为清流仕进之唯一途径者大有不同也。由此可设一假定之说：即唐代士大夫中其主张经学为正宗、薄进士为浮冶者，大抵出于北朝以来山东士族之旧家也。其由进士出身而以浮华放浪著称者，多为高宗、武后以来君主所提拔之新兴统治阶级也。其间山东旧族亦有由进士出身，而放浪才华之人或为公卿高门之子弟者，则因旧日之士族既已沦替，乃与新兴阶级渐染混同，而新兴阶级虽已取得统治地位，仍未具旧日山东旧族之礼法门风，其子弟逞才放浪之习气犹不能改易也。总之，两种新旧不同之士大夫阶级空间时间既非绝对隔离，自不能无传染薰习之事。但两者分野之界画要必于其社会历史背景求之，然后唐代士大夫最大党派如牛李诸党之如何构成，以及其与内廷阉寺之党派互相钩结利用之隐微本末，始可以豁然通解……

《唐代》中篇

牛李两党既产生于同一时间，而地域又相错杂，则其互受影响，自不能免，但此为少数之特例，非原则之大概也。

故互受影响一事可以不论，所可论者约有三端：一曰牛李两党之对立，其根本在两晋、北朝以来山东士族与唐高宗、武则天之后由进士词科进用之新兴阶级两者互不相容……

《唐代》中篇

就牛李党人在唐代政治史之进退历程言之，两党虽俱有悠久之历史社会背景，但其表面形式化则在宪宗之世。此后纷乱斗争，愈久愈烈。至文宗朝为两党参错并进，竞逐最剧之时。武宗朝为李党全盛时期，宣宗朝为牛党全盛时期，宣宗以后士大夫朋党似已渐次消泯，无复前此两党对立、生死搏斗之迹象，此读史者所习知也。

《唐代》中篇

赵郡李氏、荥阳郑氏俱是北朝数百年来显著之士族，实可以代表唐代士大夫中主要之一派者。而德裕及覃父子又世为宰相，其社会历史之背景既无不相同，宜其共结一党，深恶进士之科也。《文选》为李氏所鄙视，石经为郑覃所建刊，其学术趣向殆有关家世遗传，不可仅以个人之偶然好恶为解释。否则李文饶固有唐一代不属于复古派之文雄，何以亦薄《文选》之书？推究其故，岂不以"熟精《文选》理"乃进士词科之人即高宗、武后以后新兴阶级之所致力，实与山东旧族以经术礼法为其家学门风者迥然殊异，不能相容耶？南北朝社会以婚宦二端判别人物流品之高下，唐代犹承其风习而不改，此治史者所共知。

《唐代》中篇

李栖筠既不得已舍弃其累世之产业，徙居异地，失其经济来源，其生计所受影响之巨，自无待言。又旅居异地，若无尊显之官职，则并其家前此之社会地位亦失坠之矣。夫李氏为豪纵之强宗，栖筠又是才智不群之人，自不能屈就其他凡庸仕进之途径，如明经科之类，因此不得不举进士科。举进士科，则与其他高宗武则天后新兴之士大夫阶级利害冲突。此山东旧族之李党所以与新兴词科进士阶级之牛党不能并存共立之主因。然非河北士族由胡族之侵入，失其累世之根据地，亦不致此。斯则中古政治社会上之大事变，昔人似未尝注意，故因李栖筠自赵徙卫事，略发其覆如此，以待治国史考世变之君子论定焉。

《论李栖筠自赵徙卫事》，《二编》

盖陈郑为李（德裕）党，李杨为牛党，经术乃两晋、北朝以来山东士族传统之旧家学，词彩则高宗、武后之后崛兴阶级之新工具。至孤立地胄之分别，乃因唐代自进士科新兴阶级成立后，其政治社会之地位逐渐扩大……迫其拔起寒微之后，用科举座主门生及同门等关系，勾结朋党，互相援助，如杨于陵、嗣复及杨虞卿、汝士等，一门父子兄弟俱以进士起家，致身通显，转成世家名族，遂不得不崇尚地胄，以巩固其新贵党类之门阀，而拔引孤寒之美德高名翻让与山东旧族之李德裕矣，斯亦数百年间之一大世变也……

《唐代》中篇

李德裕所谓朋党，即指新兴阶级浮薄之士借进士科举制度座主门生同门等关系缔结之牛党也。

《唐代》中篇

唐代贡举名目虽多，大要可分为进士及明经二科。进士科主文词，高宗、武后以后之新学也；明经科专经术，两晋、北朝以来之旧学也。究其所学之殊，实由门族之异。故观唐代自高宗、武后以后朝廷及民间重进士而轻明经之记载，则知代表此二科之不同社会阶级在此三百年间升沉转变之概状矣。

《唐代》中篇

……据此得见唐代当日社会风尚之重进士轻明经。微之年十五以明经擢第，而其后复举制科者，乃改正其由明经出身之途径，正如其弃寒族之双文，而婚高门之韦氏。于仕于婚，皆不惮改辙，以增高其政治社会之地位者也。

《艳诗及悼亡诗》，《元白》

……则贞元以后宰相多以翰林学士为之，而翰林学士复出自进士词科之高选，山东旧族苟欲致身通显，自宜趋赴进士之科，此山东旧族所以多由进士出身，与新兴阶级同化，而新兴阶级复已累代贵仕，转成乔木世臣之家矣。

《唐代》中篇

然唐末黄巢失败后，朱全忠遂执统治之大权。凡借进士词科仕进之士大夫，不论其为旧族或新门，俱目为清流，而使同罹白马之祸，斯又中古政治社会之一大变也。又唐代新兴之进士词科阶级异于山东之礼法旧门者，尤在其放浪不羁之风习。故唐之进士一科与倡伎文学有密切关系，孙棨《北里志》所载即是一证。又如韩偓以忠节著闻，其平生著述中《香奁》一集，淫艳之词亦大抵应进士举时所作。然则进士之科其中固多浮薄之士，李德裕、郑覃之言殊未可厚非，而数百年社会阶级之背景实与有关涉，抑又可知矣。

《唐代》中篇

故微之纵是旧族，亦同化于新兴阶级，即高宗武后以来所拔起之家门，用进士词科以致身通显，由翰林学士而至宰相者。此种社会阶级重词赋而不重经学（微之虽以明经举，然当日此科记诵字句而已，不足言通经也），尚才华而不尚礼法，以故唐代进士科，为浮薄放荡之徒所归聚，与倡伎文学殊有关联。观孙棨《北里志》，及韩偓《香奁集》，即其例证。宜乎郑覃李德裕以山东士族礼法家风之立场，欲废其科，而斥其人也。

《艳诗及悼亡诗》,《元白》

夫两派既势不并立，自然各就其气类所近招求同党，于是两种不同社会阶级争取政治地位之竞争，遂因此表面形式化矣。及其后斗争之程度随时间之久长逐渐增剧，当日士大夫纵欲置身于局外之中立，亦几不可能。如牛党白居易之以消极被容（乐天幸生世较早耳，若升朝更晚，恐亦难幸免也），柳仲郢之以行谊见谅，可谓例外。其余之人若无固定显明之表示，如出入牛李未能始终属于一党之李商隐，则卒为两党所俱不收，而"名宦不进，坎壈终身"。此点为研究唐代中晚之际士大夫身世之最要关键，甚不可忽略者也。

《唐代》中篇

……唐代自高宗武则天以后，由文词科举进身之新兴阶级，大抵放荡而不拘守礼法，与山东旧日士族甚异。……乐天亦此新兴阶级之一人，其所为如此，固不足怪也。

《琵琶引》，《元白》

拙著《唐代政治史述论稿》中篇论牛李党之分野，以为李党乃出自魏晋北朝以来之山东旧门，而牛党则多为高宗武后以来，用进士词科致身通显之新兴寒族，乐天即为以文学进用之寒族也。……此次制科考策，牛李之诋斥吉甫，或不免太甚，而吉甫亦报复过酷。自此两种不同社会阶级，夺取政治地位之竞争，遂表面形成化矣。乐天牛党也，故于此时亦密谏其事。

《新乐府·涧底松》，《元白》

至于李商隐之出自新兴阶级，本应始终属于牛党，方合当时社会阶级之道德，乃忽结婚李党之王氏，以图仕进。不仅牛党目以放利背恩，恐李党亦鄙其轻薄无操。斯义山所以虽秉负绝代之才，复经出入李牛之党，而终于锦瑟年华惘然梦觉者欤？此五十载词人之凄凉身世固极可哀伤，而数百年社会之压迫气流尤为可畏者也。

《唐代》中篇

　　唐代党争，昔人皆无满意之解释，今日治史者以社会阶级背景为说，颇具新意，而义山出入李、刘（牛），卒遭困厄之故，亦得通解。此关于史学方面今人又较胜于古人者也。

　　（按：此自评也。）

《李炎全学士论文李义山无题诗试释评语》，《杂稿》

（附）

　　牧斋此时憎鹅笼公（**按**：指周延儒），而爱河东君。其在明南都未倾覆以前，虽不必以老归空门为烟幕弹，然早已博通内典，于释氏冤亲平等之说，必所习闻。寅恪尝怪玉谿生徘徊牛李两党之间，赋咏柳枝燕台诸句。但检其集中又有"世界微尘里，吾宁爱与憎"之语，可见能知而不能行者，匪独牧斋一人，此古今所同慨也。

《别传》第四章

◎宦官

东汉中晚之世，其统治阶级可分为两类人群。一为内廷之阉宦。一为外廷之士大夫。阉宦之出身大抵为非儒家之寒族，所谓"乞匄（丐）携养"之类。……主要之士大夫，其出身则大抵为地方豪族，或间以小族，然绝大多数则为儒家之信徒也。……然则当东汉之季，其士大夫宗经义，而阉宦则尚文辞。士大夫贵仁孝，而阉宦则重智术。盖渊源已异，其衍变所致，自大不相同也。

魏为东汉内廷阉宦阶级之代表，晋则外廷士大夫阶级之代表。故魏、晋之兴亡递嬗乃东汉晚年两统治阶级之竞争胜败问题。自来史家惟以曹魏、司马晋两姓之关系目之，殊未尽史事之真相也。本来汉末士大夫阶级之代表人袁绍，其凭借深厚，远过于阉宦阶级之代表人曹操，而官渡一战，曹氏胜，袁氏败。于是当时士大夫阶级乃不得不隐忍屈辱，暂与曹氏合作，但乘机恢复之念，未始或忘也。东汉末世与曹孟德合作诸士大夫，官渡战后五十年间多已死亡，而司马仲达，其年少于孟德二十四岁，又后死三十一年，乘曹氏子孙孱弱昏庸之际，以垂死之年，奋起一击。二子师、昭承其遗业，终于颠覆魏鼎，取而代之，尽复东汉时代士大夫阶级统治全盛之局。此固孟德当时所不及料，而仲达非仅如蒋济之流，老寿久存，遂得成功。实由其坚忍阴毒，有迥出汉末同时儒家迂缓无能之上者。……故孟德三令，非仅一时求才之旨意，实标明其政策所在，而为一政治社会道德思想上之大变革。顾亭林论此，虽极骇叹，然尚未尽孟德当时之隐秘。盖孟德出身阉宦家庭，而阉宦之人，在儒家经典教义中不能取有政治上之地位。若不对此不两立之教义，摧陷廓清之，则本身无以立足，更无从与士大夫阶级之袁氏等相竞争也。然则此三令者，可视为曹魏皇室大政方针之宣言。与之同者，即是曹党，与之异者，即是与曹氏为敌之党派，可以断言矣。

《书世说新语文学类锺会撰四本论始毕条后》，《初编》

汉祚将倾，以常情论，继之者似当为儒士阶级"四世三公"之汝南袁氏，而非宦寺阶级"坠阉遗丑"之沛国曹氏，然而建安五年官渡之战，以兵略运粮之偶然关系，袁氏败而曹氏胜，遂定后来曹魏代汉之局，论史者往往以此战为绍、操二人或汉、魏两朝成败兴亡之关键，斯固然矣，而不知此战实亦决定东汉中晚以后掌握政权儒士与阉宦两大社会阶级之胜负升降也。东汉儒家大族之潜势力极大，虽一时暂屈服于法家寒族之曹魏政权，然百足之虫，死而不僵，故必伺隙而动，以恢复其旧有之地位。河内司马氏，虽即承曹叡之庸弱，渐握政权，至杀曹爽以后，父子兄弟相继秉政，不及二十年，遂成帝业。……司马氏之帝业，乃由当时之儒家大族拥戴而成，故西晋篡魏亦可谓之东汉儒家大族之复兴。典午开国之重要设施，如复五等之爵，罢州郡之兵，以及帝王躬行三年之丧礼等，皆与儒家有关，可为明证。其最可注意者，则为厘定刑律，增撰《周官》为诸侯律一篇。两汉之时虽颇以经义折狱，又议论政事，解释经传，往往取儒家教义，与汉律之文比傅引伸，但汉家法律，实本嬴秦之旧，虽有马、郑诸儒为之章句，并未尝以儒家经典为法律条文也。然则中国儒家政治理想之书如《周官》者，典午以前，固已尊为圣经，而西晋以后复更成为国法矣，此亦古今之巨变，推原其故，实亦由司马氏出身于东汉儒家大族有以致之也。

《崔浩与寇谦之》,《初编》

　　东汉末年，刘氏虽为皇帝，但统治权实在外廷儒家大族及内廷宦官掌握之中，经过黄巾董卓之乱，刘氏做皇帝之虚名，亦难保持。似乎代替刘氏做皇帝之人物，应在儒家大族，而袁绍乃此集团之代表，不料官渡一战，袁败而曹胜，此一役即为曹魏基业开始之划分点。所以建安五年"官渡之战"不仅是曹、袁个人之胜败，而是汉末两统治集团之胜败。

唐筼、黄萱《两晋南北朝史听课笔记片段》,《杂稿》

在此奉长安文化为中心、恃东南财赋以存立集团之中，其统治阶级为此集团所占据地域内之二种人：一为受高深文化之汉族，且多为武则天专政以后所提拔之新兴阶级，所谓外廷之士大夫，大抵以文词科举进身者也；一为受汉化不深之蛮夷，或蛮夷化之汉人，故其人多出自边荒区域。凡自玄宗朝迄唐亡，一百五十年间身居内廷，实握政治及禁军之权者皆属此族，即阉寺之特殊阶级是也。

《唐代》上篇

唐代皇帝废立之权既归阉寺，皇帝居宫中亦是广义之模范监狱罪囚。刘季述等之废立不过执行故事之扩大化及表面化耳。唐代皇位继承之不固定，此役乃三百年间最后之结局。

《唐代》中篇

（附）

至于武曌之改唐为周，韦氏之潜移政柄，其转变不出闺阃之间，兵不血刃，而全国莫之能抗，则以"关中本位政策"施行以来，内重外轻之势所致也。然自玄宗末年安史叛乱之后，内外轻重之形势既与以前不同，中央政变除极少破例及极小限制外，大抵不决之于公开战争，而在宫廷之内以争取皇位继承之形式出之。于是皇位继承之无固定性及新旧君主接续之交，辄有政变发生，遂为唐代政治史之一大问题也。

《唐代》中篇

唐代自中叶以后，凡值新故君主替嬗之际，宫禁之中，几例有剧变，而阉宦实为此剧变之主动者。外廷之士大夫，则是宫禁之中阉宦党派斗争时及决胜后可怜之附属物与牺牲品耳！有唐一代之政治史中，此点关系至巨，特宫禁事秘，外间本不易知，而阉人复深忌甚讳，不欲外廷有所得闻。宪宗为中兴之英主，其声望更不同于他君，故元和一代，其君主与阉人始终之关系，后来之宦官尤欲隐秘之，以免其族类为士大夫众矢之的也。

《顺宗实录与续玄怪录》，《二编》

中叶以前，唐之君主未失柄权，故女宠得以为祸。迨宦官执国政，君主充位而已。此中叶以后所以无外戚之祸也。

《札记一》新唐书之部

可知唐代阉寺多出自今之四川、广东、福建等省，在当时皆边徼蛮夷区域。其地下级人民所受汉化自甚浅薄，而宦官之姓氏又有不类汉姓者，故唐代阉寺中疑多是蛮族或蛮夷化之汉人也。

《唐代》上篇

　　牛李党派之争起于宪宗之世，宪宗为唐室中兴英主，其为政宗旨在矫正大历、贞元姑息苟安之积习，即用武力削平藩镇，重振中央政府之威望。当时主张用兵之士大夫大抵属于后来所谓李党，反对用兵之士大夫则多为李吉甫之政敌，即后来所谓牛党。而主持用兵之内廷阉寺一派又与外朝之李党互相呼应，自不待言。是以元和一朝此主用兵派之阉寺始终柄权，用兵之政策因得以维持不改。及内廷阉寺党派竞争既烈，宪宗为别一反对派之阉寺所弑，穆宗因此辈弑逆徒党之拥立而即帝位，于是"销兵"之议行，而朝局大变矣。

《唐代》中篇

　　内廷阉寺中吐突承璀之党即主张用兵之党既失败，其反对党得胜，拥立穆宗，故外朝宰相即此反对党之附属品，自然亦不主张用兵，而"销兵"之议遂成长庆一朝之国策矣。

《唐代》中篇

　　夫唐代河朔藩镇有长久之民族社会文化背景，是以去之不易，而牛李党之政治社会文化背景尤长久于河朔藩镇，且此两党所连结之宫禁阉寺，其社会文化背景之外更有种族问题，故文宗欲去士大夫之党诚甚难，而欲去内廷阉寺之党则尤难，所以卒受"甘露之祸"也。况士大夫之党乃阉寺党之附属品，阉寺既不能去，士大夫之党又何能去耶？及至唐之末世，士大夫阶级暂时联合，与阉寺全体敌抗，乃假借别一社会阶级即黄巢余党朱全忠之武力，终能除去阉寺之党。但士大夫阶级本身旋罹摧残之酷，唐之皇室亦随以覆亡……

《唐代》中篇

鄙意外朝士大夫朋党之动态即内廷阉寺党派之反影。内廷阉寺为主动，外朝士大夫为被动。阉寺为两派同时并进，或某一时甲派进而乙派退，或某一时乙派进而甲派退，则外朝之士大夫亦为两党同时并进，或某一时甲党进而乙党退，或某一时乙党进而甲党退。迄至后来内廷之阉寺"合为一片"全体对外之时，则内廷阉寺与外廷士大夫成为生死不两立之仇敌集团，终于事势既究，乞援外力，遂同受别一武装社会阶级之宰割矣。

《唐代》中篇

由宪宗朝至文宗朝，牛李争斗虽剧，而互有进退。武宗朝为始终李党当国时期，宣宗朝宰相则属于牛党，但宣宗以后不复闻剧烈之党争。究其所以然之故，自来未有言之者，若依寅恪前所论证，外朝士大夫党派乃内廷阉寺党派之应声虫，或附属品，傥阉寺起族类之自觉，其间不发生甚剧之党争，而能团结一致以对外者，则与外朝诸臣无分别连结之必要，而士大夫之党既失其各别之内助，其竞争遂亦不得不终归消歇也。

《唐代》中篇

历史 · 文化

◎清议与清谈

魏晋清谈出于后汉末年之清议，人所习知，不待详考。自东汉末党锢之后，继以魏武父子之摧抑，其具体评议中朝人物任用之当否，如东汉末之清议，已不为世主所容。故人伦鉴识即清议之要旨，其一部依附于地方中正制度，以不与世主直接冲突，因得幸存。其余则舍弃具体人物任用当否之评议，变为假设问题抽象学理之讨论。此观于清谈总汇之《世说新语》一书，其篇类之标目可以证明，而锺会之《才性四本论》及刘邵《人物志》，又此清议变相之最著及仅存之作也。

《逍遥游向郭义及支遁义探源》，《二编》

所可注意者，即性分才能大小宜适诸问题，皆刘书（按：刘邵《人物志》）之所讨论，而此诸问题本是清议中具体事实之问题，今则变为抽象理论之问题而已。斯则清议与清谈之所由分也。

《逍遥游向郭义及支遁义探源》，《二编》

　　兹请略言魏晋两朝清谈内容之演变：当魏末西晋时代即清谈之前期，其清谈乃当日政治上之实际问题，与其时士大夫之出处进退至有关系，盖借此以表示本人态度及辩护自身立场者，非若东晋一朝即清谈后期，清谈只为口中或纸上之玄言，已失去政治上之实际性质，仅作名士身份之装饰品者也。……大抵清谈之兴起由于东汉末世党锢诸名士遭政治暴力之摧压，一变其指实之人物品题，而为抽象玄理之讨论，启自郭林宗，而成于阮嗣宗，皆避祸远嫌，消极不与其时政治当局合作者也。

《陶渊明之思想与清谈之关系》，《初编》

　　又其言必玄远，不评论时事，臧否人物，则不独用此免杀身之祸，并且将东汉末年党锢诸名士具体指斥政治表示天下是非之言论，一变而为完全抽象玄理之研究，遂开西晋以降清谈之风派。然则世之所谓清谈，实始于郭林宗，而成于阮嗣宗也。

《陶渊明之思想与清谈之关系》，《初编》

《世说新语》，记录魏晋清谈之书也。其书上及汉代者，不过追溯原起，以期完备之意。惟其下迄东晋之末刘宋之初迄于谢灵运，固由其书作者只能述至其所生时代之大名士而止，然在吾国中古思想史，则殊有重大意义。盖起自汉末之清谈适至此时代而消灭，是临川康王不自觉中却于此建立一划分时代之界石及编完一部清谈之全集也。前已言清谈在东汉晚年曹魏季世及西晋初期皆与当日士大夫政治态度实际生活有密切关系，至东晋时代，则成口头虚语，纸上空文，仅为名士之装饰品而已。夫清谈既与实际生活无关，自难维持发展，而有渐次衰歇之势，何况东晋、刘宋之际天竺佛教大乘玄义先后经道安、慧远之整理，鸠摩罗什师弟之介绍，开震旦思想史从来未有之胜境，实于纷乱之世界，烦闷之心情具指迷救苦之功用，宜乎当时士大夫对于此新学说惊服欢迎之不暇。回顾旧日之清谈，实为无味之鸡肋，已陈之刍狗，遂捐弃之而不惜也。

《陶渊明之思想与清谈之关系》，《初编》

……六朝之清谈可分前后两期。后期之清谈仅限于口头及纸上，纯是抽象性质。故可视为言语文学之材料。至若前期之清谈，则为当时清谈者本人生活最有关之问题，纯为实际性质，即当日政治党系之表现。故前期之清谈材料乃考史论世者不可忽视之事实也。

《书世说新语文学类锺会撰四本论始毕条后》,《初编》

清谈一事,虽为空谈老庄之学,而实与当时政治社会有至密之关系,决非为清谈而清谈,故即谓之实谈亦无不可。

《清谈与清谈误国》,《杂稿》

◎名教、自然与政治

寅恪尝遍检此时代文字之传于今者,然后知即在东晋,其实清谈已无政治上之实际性,但凡号称名士者其出口下笔无不涉及自然与名教二者同异之问题。其主张为同为异虽不一致,然未有舍置此事不论者。盖非讨论及此,无以见其为名士也。

《陶渊明之思想与清谈之关系》,《初编》

故名教者,依魏晋人解释,以名为教,即以官长君臣之义为教,亦即入世求仕者所宜奉行者也。其主张与崇尚自然即避世不仕者适相违反,此两者之不同,明白已甚。而所以成为问题者,在当时主张自然与名教互异之士大夫中,其崇尚名教一派之首领如王祥、何曾、荀颛等三大孝，即佐司马氏欺人孤儿寡妇，而致位魏末晋初之三公者也。其眷怀魏室不趋赴典午者，皆标榜老庄之学，以自然为宗。"七贤"之义即从《论语》"作者七人"而来，则"避世""避地"固其初旨也。然则当时诸人名教与自然主张之互异即是自身政治立场之不同，乃实际问题，非止玄想而已。

《陶渊明之思想与清谈之关系》，《初编》

至是，凡与司马氏合作者，必崇名教；其前朝遗民不与合作者，则竞谈自然，或阴谋颠覆。此二者虽因政治社会立场各异，有崇名教与尚自然之分，而清谈实含有政治作用，决非仅属口头及纸上之清谈，从可知矣。……总之，清谈之与两晋，其始也，为在野之士，不与当道合作；继则为名士显宦之互为利用，以图名利兼收而误国。故清谈之始义，本为实谈；因其所谈，无不与当日政治社会有至密切之关系。其后虽与实际生活无关，仍为名士诗文中不可不涉及者，学者固不可以其名为清谈而忽之也。

《清谈与清谈误国》，《杂稿》

故自然与名教相同之说所以成为清谈之核心者，原有其政治上实际适用之功用，而清谈之误国正在庙堂执政负有最大责任之达官崇尚虚无，口谈玄远，不屑综理世务之故，否则林泉隐逸清谈玄理，乃其分内应有之事，纵无益于国计民生，亦必不致使"神州陆沉，百年丘墟"也。

《陶渊明之思想与清谈之关系》,《初编》

又《五柳先生传》为渊明自传之文。文字虽甚短，而述性嗜酒一节最长。嗜酒非仅实录，如见于诗中《饮酒》《止酒》《述酒》及其关涉酒之文字，乃远承阮、刘之遗风，实一种与当时政权不合作态度之表示，其是自然非名教之意显然可知，故渊明之主张自然，无论其为前人旧说或己身新解，俱与当日实际政治有关，不仅是抽象玄理无疑也。

《陶渊明之思想与清谈之关系》,《初编》

观嵇叔夜《与山巨源绝交书》，声明其不仕当世，即不与司马氏合作之宗旨，宜其为司马氏以其党于不孝之吕安，即坐以违反名教之大罪杀之也。"七贤"之中应推嵇康为第一人，即积极反抗司马氏者。康娶魏武曾孙女，本与曹氏有连。与杜预之缔婚司马氏，遂忘父雠，改事新主，癖于圣人道名分之《左氏春秋》者，虽其人品绝不相同，而因姻戚之关系，以致影响其政治立场则一也。

《陶渊明之思想与清谈之关系》,《初编》

抑更有可论者，嵇公于魏、晋嬗替之际，为反司马氏诸名士之首领，其所以忠于曹魏之故，自别有其他主因，而叔夜本人为曹孟德曾孙女婿，要不为无关。清代吕留良之反建州，固具有民族之意义，然晚村之为明室仪宾后裔，或亦与叔夜有类似之感耶？因附论及之，以供治史论事之君子参证。

《书世说新语文学类锺会撰四本论始毕条后》，《初编》

七贤中之嵇康，为一绝对之清谈人物。其与山涛绝交，即因涛为司马氏宗室与卒出山林而仕。其所以见杀，则由与魏宗室有婚姻之好，而又"非汤武薄周孔"，为崇名教之司马氏所不容也。

《清谈与清谈误国》，《杂稿》

◎竹林七贤

寅恪尝谓外来之故事名词，比附于本国人物事实，有似通天老狐，醉则见尾。如袁宏《竹林名士传》、戴逵《竹林七贤论》、孙盛《魏氏春秋》、臧荣绪《晋书》及唐修《晋书》等所载嵇康等七人，固皆支那历史上之人物也。独七贤所游之"竹林"，则为假托佛教名词，即"Veḷu"或"Veḷuvana"之译语，乃释迦牟尼说法处，历代所译经典皆有记载，而法显玄奘所亲历之地。此因名词之沿袭，而推知事实之依托，亦审查史料真伪之一例也。

《三国志曹冲佛陀传与佛教故事》，《寒柳》

竹林七贤，清谈之著者也。其名七贤，本《论语》"贤者避世""作者七人"之义，乃东汉以来，名士标榜事数之名，如三君、八厨、三及之类。后因僧徒"格义"之风，始比附中西，而成此名。所谓"竹林"，盖取义于内典之 Veṇu-vana，非其地真有此竹林，而七贤游谈其下也。《水经注》中所引竹林七贤古迹，乃后人附会之说，不足信。

《清谈与清谈误国》，《杂稿》

大概言之，所谓"竹林七贤"者，先有"七贤"，即取《论语》"作者七人"之事数，实与东汉末三君八厨八及等名同为标榜之义。迨西晋之末僧徒比附内典外书之"格义"风气盛行，东晋初年乃取天竺"竹林"之名加于"七贤"之上，至东晋中叶以后江左名士孙盛、袁宏、戴逵辈遂著之于书，而河北民间亦以其说附会地方名胜，如《水经注》九清水篇所载东晋末年人郭缘生撰著之《述征记》中嵇康故居有遗竹之类是也。

《陶渊明之思想与清谈之关系》,《初编》

竹林七贤实无其事,闻日本人有谓其晚出者,甚确。此说疑起于西晋末,传于东晋,至东晋中年始著于书。

《两晋南北朝史料》,《梁方仲笔记》

◎儒释道

华夏学术最重传授渊源,盖非此不足以徵信于人,观两汉经学传授之记载,即可知也。南北朝之旧禅学已采用《阿育王经》《传》等书,伪作《付法藏因缘传》,已证明其学说之传授。至唐代之新禅宗,特标教外别传之旨,以自矜异,故尤不得不建立一新道统,证明其渊源之所从来,以压倒同时之旧学派,此点关系吾国之佛教史,人所共知……

《论韩愈》,《初编》

南北朝时,即有儒释道三教之目,至李唐之世,遂成固定之制度。如国家有庆典,则召集三教之学士,讲论于殿廷,是其一例。故自晋至今,言中国之思想,可以儒释道三教代表之。此虽通俗之谈，然稽之旧史之事实，验以今世之人情，则三教之说，要为不易之论。

《冯友兰中国哲学史下册审查报告》,《二编》

　　儒者在古代本为典章学术所寄托之专家。李斯受荀卿之学，佐成秦治。秦之法制实儒家一派学说之所附系。《中庸》之"车同轨，书同文，行同伦"（即太史公所谓"至始皇乃能并冠带之伦"之"伦"），为儒家理想之制度，而于秦始皇之身，而得以实现之也。汉承秦业，其官制法律亦袭用前朝。遗传至晋以后，法律与礼经并称，儒家《周官》之学说悉采入法典。夫政治社会一切公私行动，莫不与法典相关，而法典为儒家学说具体之实现。故二千年来华夏民族所受儒家学说之影响，最深最巨者，实在制度法律公私生活之方面，而关于学说思想之方面，或转有不如佛道二教者。如六朝士大夫号称旷达，而夷考其实，往往笃孝义之行，严家讳之禁。此皆儒家之教训，固无预于佛老之玄风者也。

《冯友兰中国哲学史下册审查报告》,《二编》

　　据《高僧传》前三卷译经门，正传及附见者凡六十三人，而号为天竺人者仅十六人。而此十六人中如摄摩腾、竺法兰、鸠摩罗什等，或本人之存在不无可疑，或虽源出天竺而居月支，或竟为龟兹人者尚有数人，然则自汉明乞［迄］梁武，四百五十年间，译经诸大德，天竺人居四分之一，其余皆罽宾、西域及凉州之人。据此可知六朝文化与中亚关系之深矣。……

神异门正传及附传共三十一人，耆域虽号称天竺人，然其名本印度神医旧名，此为假托，固不足论。竺佛调未详氏族，或云天竺人，则其原籍亦在可疑之列。其余则为西域人或中国人。或如杯度传附见僧佉吒之为外国道人之类。然则此神异门中竟无一印度人，可谓奇事。足见天竺僧人来中国之少，固不易附会以神异事迹也。

《高僧传笺证稿本》,《札记三》

大藏中此土撰述总诠通论之书，其最著者有三，《大乘法苑义林章》《宗镜录》及远法师此书是已。《宗镜录》最晚出，亦最繁博。然永明之世，支那佛教已渐衰落，故其书虽平正笃实，罕有伦比，而精采微逊，雄盛之气，更远不逮远基之作，亦犹耶教圣奥古斯丁（St. Augustin）与巴士卡儿（Pascal），其钦圣之情，固无差异，而欣戚之感，则迥不相侔也。基公承慈恩一家之学，颛门绝业，今古无俦，但天竺佛教当震旦之唐代，已非复盛时，而中国六朝之世则不然。其时神州政治，虽为纷争之局，而思想自由，才智之士亦众。

佛教输入，各方面皆备，不同后来之拘守一宗一家之说者。尝论支那佛教史，要以鸠摩罗什之时为最盛时代。中国自创之佛宗，如天台宗等，追稽其原始，莫不导源于罗什，盖非偶然也。当六朝之季，综贯包罗数百年间南北两朝诸家宗派学说异同之人，实为慧远。远公事迹见道宣《续高僧传》八。其所著《大乘义章》一书，乃六朝佛教之总汇。道宣所谓"佛法纲要尽于此焉"者也。

《大乘义章书后》,《二编》

……其最可注意者，即兴（按：成公兴）所介绍传授医学算学之名师，皆为佛教徒一事是也。自来宗教之传播，多假医药天算之学以为工具，与明末至近世西洋之传教师所为者，正复相类，可为明证。吾国旧时医学，所受佛教之影响甚深，如耆域（或译耆婆）者，天竺之神医，其名字及医方与其他神异物语散见于佛教经典，如《㮈女耆婆经》《温室经》等及吾国医书如巢元方《病源候论》（按：《诸病源候论》）、王焘《外台秘要》之类，是一例证。

《崔浩与寇谦之》,《初编》

观陶翊之所述，则天师道世家皆通医药之术尤有确证。中国儒家虽称格物致知，然其所殚精致意者，实仅人与人之关系。而道家则研究人与物之关系。故吾国之医药学术之发达出于道教之贡献为多。其中固有怪诞不经之说，而尚能注意于人与物之关系，较之佛教，实为近于常识人情之宗教。然则道教之所以为中国自造之宗教，而与自印度所输入之佛教终有区别者，或即在此等处也。

《天师道与滨海地域之关系》，《初编》

但有一通则不可不先知者，即吾国道教虽其初原为本土之产物，而其后逐渐接受模袭外来输入之学说技术，变易演进，遂成为一庞大复杂之混合体，此治吾国宗教史者所习知者也。综观二千年来道教之发展史，每一次之改革，必受一种外来学说之激刺，而所受外来之学说，要以佛教为主。故吾人今日傥取全部道藏与佛藏比较探求，如以《真诰》与《四十二章经》比较之例，必当更有所发明也。

《崔浩与寇谦之》，《初编》

六朝以后之道教，包罗至广，演变至繁，不似儒教之偏重政治社会制度，故思想上尤易融贯吸收。凡新儒家之学说，几无不有道教，或与道教有关之佛教为之先导。如天台宗者，佛教宗派中道教意义最富之一宗也。其宗徒梁敬之与李习之之关系，实启新儒家开创之动机。北宋之智圆提倡中庸，甚至以僧徒而号中庸子，并自为传以述其义（孤山《闲居编》）。其年代犹在司马君实作《中庸广义》之前，似亦于宋代新儒家为先觉。二者之间，其关系如何，且不详论。然举此一例，已足见新儒家产生之问题，犹有未发之覆在也。

《冯友兰中国哲学史下册审查报告》，《二编》

道教与佛教的宇宙不同（前者为平面的，九州之外更有九州；后者为立体的，如十八层地狱）。坐海船走不坐飞机走，故曰归道山。

《元白诗证史》，《梁方仲笔记》

渊明之思想为承袭魏晋清谈演变之结果及依据其家世信仰道教之自然说而创改之新自然说。……又新自然说不似旧自然说之养此有形之生命，或别学神仙，惟求融合精神于运化之中，即与大自然为一体。因其如此，既无旧自然说形骸物质之滞累，自不致与周孔入世之名教说有所触碍。故渊明之为人实外儒而内道，舍释迦而宗天师者也。推其造诣所极，殆与千年后之道教采取禅宗学说以改进其教义者，颇有近似之处。然则就其旧义革新，"孤明先发"而论，实为吾国中古时代之大思想家，岂仅文学品节居古今之第一流，为世所共知者而已哉！

《陶渊明之思想与清谈之关系》,《初编》

　　据慧布、法朗传之文可推知，三论宗自河西法朗、僧诠以来，即有一种秘传心法，专务禅定，不尚文字之意味。南北朝儒家及佛教讲说经典章句，义疏之学盛行一时，广博繁重，遂成风气。隋代三论宗之嘉祥大师吉藏者，亦其同时儒家二刘（士元、光伯）之比。而唐初马嘉运本三论宗之沙门，还俗后专精儒业，以掎摭孔冲远之《正义》见称于时。盖当时儒佛二家之教义虽殊，而所以治学解经皆用同一方法，既偏重于文字之考证，遂少致力于义理之研究。故僧诠、慧布之所以誓不涉言，誓不讲说，顿迹幽林，专修念慧，皆不过表示其对于当日佛教考据家之一种反动，而矫正之之意。与后世（佛家内）禅学家对于义学家，（儒家内）宋学家对于汉学家不满之态度正复相同也。

《论禅宗与三论宗之关系》,《杂稿》

　　退之从其兄会谪居韶州，虽年颇幼小，又历时不甚久，然其所居之处为新禅宗之发祥地，复值此新学说宣传极盛之时，以退之之幼年颖悟，断不能于此新禅宗学说浓厚之环境气氛中无所接受感发，然则退之道统之说表面上虽由《孟子》卒章之言所启发，实际上乃因禅宗教外别传之说所造成，禅学于退之之影响亦大矣哉！宋儒仅执退之后来与大颠之关系，以为破获赃据，欲夺取其道统者，似于退之一生经历与其学说之原委犹未达一间也。……新禅宗特提出直指人心见性成佛之旨，一扫僧徒繁琐章句之学，摧陷廓清，发聋振聩，固吾国佛教史上一大事也。退之生值其时，又居其地，睹儒家之积弊，效禅侣之先河，直指华夏之特性，扫除贾、孔之繁文，《原道》一篇中心旨意实在于此……

《论韩愈》，《初编》

佛教经典言："佛为一大事因缘出现于世。"中国自秦以后，迄于今日，其思想之演变历程，至繁至久。要之，只为一大事因缘，即新儒学之产生，及其传衍而已。

《冯友兰中国哲学史下册审查报告》，《二编》

◎ **道教杂说**

东西晋南北朝之天师道为家世相传之宗教，其书法亦往往为家世相传之艺术，如北魏之崔、卢，东晋之王、郗，是其最著之例。旧史所载奉道世家与善书世家二者之符会，虽或为偶值之事，然艺术之发展多受宗教之影响。而宗教之传播，亦多倚艺术为资用。治吾国佛教美艺史者类能言佛陀之宗教与建筑雕塑绘画等艺术之关系，独于天师道与书法二者互相利用之史实，似尚未有注意及之者。……知道家学经及画符必以能书者任之。故学道者必访寻真迹，以供摹写。适与学书者之访寻碑帖无异。是书法之艺术实供道教之利用。而写经又为一种功德。如《太平经》记"郗愔之性尚道法，多写道经"，是其一例。画符郭填之法或与后来之双钩有关，兹不详论。

《天师道与滨海地域之关系》，《初编》

……然则依医家言，鹅之为物，有解五脏丹毒之功用，既于本草列为上品，则其重视可知。医家与道家古代原不可分。故山阴道士之养鹅，与右军之好鹅，其旨趣实相契合，非右军高逸，而道士鄙俗也。道士之请右军书道经，及右军之为之写者，亦非道士仅为爱好书法，及右军喜此鹩鹩之群有合于执笔之姿势也。实以道经非情能书者写之不可。写经又为宗教上之功德，故此段故事适足表示道士与右军二人之行事皆有天师道信仰之关系存乎其间也。

《天师道与滨海地域之关系》，《初编》

六朝人最重家讳，而"之""道"等字则在不避之列，所以然之故虽不能详知，要是与宗教信仰有关。王鸣盛因齐梁世系"道""之"等字之名，而疑《梁书》《南史》所载梁室世系倒误，殊不知此类代表宗教信仰之字，父子兄弟皆可取以命名，而不能据以定世次也。

《天师道与滨海地域之关系》，《初编》

至道真之名颇有天师道色彩，而陶侃后裔亦多天师道之名，如绰之、袭之、谦之等。又袭之、谦之父子名中共有"之"字，如南齐溪人胡廉之、翼之、谐之三世祖孙父子之例，尤为特证。吴氏《晋书斠注》转疑其有误，盖未思晋代最著之天师道世家琅邪王氏羲之、献之父子亦同名"之"也。

《魏书司马叡传江东民族条释证及推论》，《初编》

……此传载谦之之名少一"之"字，实非脱漏，盖六朝天师道信徒之以"之"字为名者颇多，"之"字在其名中，乃代表其宗教信仰之意，如佛教徒之以"昙"或"法"为名者相类。东汉及六朝人依《公羊春秋》讥二名之义，习用单名。故"之"字非特专之真名，可以不避讳，亦可省略。六朝礼法士族最重家讳，如琅邪王羲之、献之父子同以"之"

为名，而不以为嫌犯，是其最显著之例证也。

《崔浩与寇谦之》，《初编》

天师道对于竹之为物，极称赏其功用。琅邪王氏世奉天师道，故世传王子猷之好竹如是之甚。疑不仅高人逸致，或亦与宗教信仰有关。姑附识于此，以质博雅君子。

《天师道与滨海地域之关系》，《初编》

竹，王羲之子子猷最爱之，"何可一日无此君"。其爱之当有宗教上之理由，与爱鹅之理由正一样。《真诰》中言竹能益子。晋武帝无子求于竹林，生简文帝。

《两晋南北朝史料》，《梁方仲笔记》

◎佛教与政治

南北朝诸皇室中与佛教关系最深切者，南朝则萧梁，北朝则杨隋，两家而已。两家在唐初皆为亡国遗裔。其昔时之政治地位，虽已丧失大半，然其世代遗传之宗教信仰，固继承不替，与梁隋盛日无异也。

《武曌与佛教》，《二编》

据此可知武曌之母杨氏必为笃信佛教之人，故僧徒欲借其力以保存不拜俗之教规。至杨氏所以笃信佛教之由，今以史料缺乏，虽不能确言，但就南北朝人士其道教之信仰，多因于家世遗传之事实推测之，则荣国夫人之笃信佛教，亦必由杨隋宗室家世遗传所致。荣国夫人既笃信佛教，武曌幼时受其家庭环境佛教之薰习，自不待言。……然则武曌幼时，即已一度正式或非正式为沙弥尼。其受母氏佛教信仰影响之深切，得此一事更可证明矣。后来僧徒即借武曌家庭传统之信仰，以恢复其自李唐开国以来所丧失之权势。而武曌复转借佛教经典之教义，以证明其政治上所享之特殊地位。二者之所以能彼此互相利用，实有长久之因缘，非一朝一夕偶然所可致者……

《武曌与佛教》，《二编》

观此即知武曌以女身而为帝王，开中国政治上未有之创局。如欲证明其特殊地位之合理，决不能于儒家经典求之。此武曌革唐为周，所以不得不假托佛教符谶之故也。考佛教原始教义，本亦轻贱女身。如《大爱道比〔丘〕尼经》下所列举女人之八十四态，即是其例。后来演变，渐易初旨。末流至于大乘急进派之经典，其中乃有以女身受记为转轮圣王成佛之教义。此诚所谓非常异义可怪之论也。武曌颁行天下以为受命符谶之《大云经》，即属于此大乘急进派之经典。其原本实出自天竺，非支那所伪造也。

……武曌之颁行《大云经》于全国，与新莽之"遣五威将军王奇等十二人班符命四十二篇于天下"正同一政治作用。盖革命开国之初，对于民众宣传及证明其新取得地位之合理也。

《武曌与佛教》,《二编》

◎赵宋之世

在中国文化史上有两个时代，六朝与宋代，最为辉煌，至今尚不能超越宋代。

卞僧慧《陈寅恪先生欧阳修课笔记》,《年谱长编》

华夏民族之文化，历数千载之演进，造极于赵宋之世。后渐衰微，终必复振。譬诸冬季之树木，虽已凋落，而本根未死，阳春气暖，萌芽日长，及至盛夏，枝叶扶疏，亭亭如车盖，又可庇荫百十人矣。

《邓广铭宋史职官志考证序》,《二编》

　　欧阳修先世是南唐世家，范仲淹先世是吴越世家。有宋一代文化，乃南唐（包括吴越）文化之扩充。南唐受佛教天台宗之影响，至宋乃有理学。欧阳修深悉五代历史，其所著《五代史记》中之议论，即其史观，亦即其政见之表现。唐宋以来，藩镇多养义子，五代此风更盛。为人义子者皆贪富贵而弃自己父母。北宋范仲淹、欧阳修为同党，尚气节，深鄙此事。故"濮议"欧阳修挺身力争，不苟同众议。北宋受西夏及辽之侵犯，对外持春秋大义，尊王攘夷。宋人尚气节（唐人不尚气节），朱子已言之。欧阳修在文学上影响较大，范仲淹在社会上影响为烈。

　　宋代文化发达地域，即人才产地有二：其一为汴梁附近，如司马光、二程、吕夷简等。其二为南唐故地，如范仲淹、欧阳修、王安石等。

　　　　卞僧慧《陈寅恪先生欧阳修课笔记》，《年谱长编》

　　虽然，欧阳永叔少学韩昌黎之文，晚撰《五代史记》，作《义儿》《冯道》诸传，贬斥势利，尊崇气节，遂一匡五代之浇漓，返之淳正。故天水一朝之文化，竟为我民族遗留之瑰宝。孰谓空文于治道学术无裨益耶？

　　　　《赠蒋秉南序》，《寒柳》

◎姓氏杂说

陆通陆逞兄弟之为汉人，确无疑义，且其祖母又为吴人，则亦未与胡族血统混杂。其祖统领降附吴人别为水军，盖清初黄梧施琅一流人物。然宇文泰赐通以胡姓，专统一军，是以通为降附吴人之姓首，而主塞外鲜卑步陆孤部之宗祀也。据此可以推知，即汉人与塞外鲜卑部落绝无关涉者，亦得赐胡姓，且为主宗祀之姓首。然则李虎虽则赐姓大野氏，亦可以与塞外大野部落绝无关涉。近人往往因李唐曾赐姓大野，遂据以推论，疑其本为塞外异族，今既证明其先世不家于武川，而家于南赵郡，则李熙父子（即李初古拔父子）与陆通兄弟又何以相异乎？

《李唐氏族之推测后记》，《二编》

又《魏书·薛安都传》之李拔即《宋书·柳元景传》李初古拔之消称。《梁书》五六《侯景传》景祖名周，《南史》八十《侯景传》作乙羽周，与此同例。盖边荒杂类，其名字每多繁复，殊异乎华夏之雅称。后人于属文时因施删略。昔侯景称帝，七世庙讳，父祖之外，皆王伟追造，天下后世传为笑谈。岂知李唐自述先世之名字亦与此相类乎？夫侯汉李唐俱出自六镇（侯氏怀朔镇人，李氏武川镇人），虽其后荣辱悬绝，不可并言，但祖宗名字皆经改造，则正复相同。考史者应具有通识，不可局于成败之见，以论事论人也。

《李唐氏族之推测》，《二编》

……此世系改易之历程，实不限于李唐皇室一族，凡多数北朝、隋唐统治阶级之家，亦莫不如是，斯实中国中古史一大问题，亦史学中千载待发而未发之覆也。

《唐代》上篇

但隋唐两朝继承宇文氏之遗业，仍旧施行"关中本位政策"，其统治阶级自不改其歧视山东人之观念。故隋唐皇室亦依旧自称弘农杨震、陇西李暠之嫡裔，伪冒相传，迄于今日，治史者竟无一不为其所欺，诚可叹也。

《唐代》上篇

种世衡世守延安之地，依《通志》所言，世衡之叔父为种放。放为洛阳人，自是不误。但有可疑者，《通志》言种氏本作仲氏，出仲山甫之后，如避难改为种等语，当是本于种氏家谱。自六朝以来，外族往往喜称出于中国名人之后，如沈炳震《唐书宰相世系表订讹》一书，苟取《后汉书》《三国志》《晋书》等证之，其讹舛立见。避乱改姓之说尤多，不再详举例证。鄙意仲氏之作种氏，实与党项不作黨项同例，盖所以表示其原非汉族之义。

《李德裕贬死年月及归葬传说辨证》附记，《二编》

可知寇氏之徙冯翊，据《姓纂》（按：《元和姓纂》）及《寇臻志》（按：《北魏寇臻志》），实在前魏即曹魏时，其所谓因官遂寓冯翊者，实不过托词而已。凡古今家族谱牒中所谓因难因官，多为假托，不足异也。

《崔浩与寇谦之》，《初编》

……唐代许多胡人后裔，也用汉姓，也自道汉姓始祖何处。

1939 年宴席上言，方豪《陈寅恪先生给我的两封信》，《追忆》

刘黑闼之刘氏为胡人所改汉姓之最普遍者，其"黑闼"之名与北周创业者宇文黑獭之"黑獭"同是一胡语。

《论隋末唐初所谓"山东豪杰"》，《初编》

近年桑原骘藏教授《蒲寿庚事迹考》及藤田丰八教授《南汉刘氏祖先考》，皆引朱彧《萍洲可谈》二所载北宋元祐间广州蕃坊刘姓人娶宗室女事，以证伊斯兰教徒多姓刘者，其说诚是。但藤田氏以刘为伊斯兰教徒习用名字之音译，固不可信，而桑原氏以广州通商回教徒之刘氏实南汉之赐姓，今若以复愚之例观之，其说亦非是。鄙见刘与李俱汉唐两朝之国姓，外国人之改华姓者，往往喜采用之，复愚及其他伊斯兰教徒之多以刘为姓者，殆以此故欤？

《刘复愚遗文中年月及其不祀祖问题》，《初编》

夫《游仙窟》之作者张文成，自谓奉使河源，于积石山窟得遇崔十娘等。其故事之演成，实取材于博望侯旧事，故文成不可改易其真姓。且《游仙窟》之书，乃直述本身事实之作。……但崔十娘等则非真姓，而其所以假托为崔者，盖由崔氏为北朝隋唐之第一高门。故崔娘之称，实与其他文学作品所谓萧娘者相同。不过一属江左高门，一是山东甲族。南北之地域虽殊，其为社会上贵妇人之泛称，则无少异也。又杨巨源咏元微之"会真"事诗……杨诗之所谓萧娘，即指元传之崔女，两者俱是使用典故也。傥泥执元传之崔姓，而穿凿搜寻一崔姓之妇人以实之，则与拘持杨诗之萧姓，以为真是兰陵之贵女者，岂非同一可笑之事耶？

《读莺莺传》，《元白》

盖秋娘本唐代妇人习见之名。

《李德裕贬死年月及归葬传说辨证》,《二编》

河东君后来易"杨"姓为"柳","影怜"名为"隐"。……至若隐遁之义,则当日名媛,颇喜取以为别号。如黄皆令之"离隐",张宛仙之"香隐",皆是例证。盖其时社会风气所致。故治史者,即于名字别号一端,亦可窥见社会风习与时代地域人事之关系,不可以其琐屑而忽视之也。

《别传》第三章

历史·其他

◎经济

今日所保存之南北朝经济财政史料，北朝较详，南朝尤略。然约略观之，其最大不同之点则在北朝政府保有广大之国有之土地。此盖承永嘉之后，屡经变乱，人民死亡流散所致。故北朝可以有均给民田之制，而南朝无之也。南朝人民所经丧乱之惨酷不及北朝之甚，故社会经济情形比较北朝为进步，而其国家财政制度亦因之与北朝有所不同，即较为进步是也。

《隋唐》七

……可见北朝俱有均田之制，魏、齐、隋、唐之田制实同一系统，而南朝则无均田之制，其国用注重于关市之税，北朝虽晚期亦征关市之税，然与南朝此税之地位其轻重颇有不同，然则南朝国民经济国家财政较北朝进步，抑又可知也。

《隋唐》七

但隋虽统一南北，而为时甚短，又经隋末之扰乱，社会经济之进步亦为之停顿，直至唐高宗武则天之世，生养休息约经半世纪之久，社会经济逐渐进展，约再历半世纪，至玄宗之时，则进展之程度几达最高度，而旧日北朝之区域自西晋永嘉乱后其社会经济之发达未有盛于此时者也。夫唐代之国家财政制度本为北朝之系统，而北朝之社会经济较南朝为落后，至唐代社会经济之发展渐超越北朝旧日之限度，而达到南朝当时之历程时，则其国家财政制度亦不能不随之以演进。唐代之新财政制度，初视之似为当时政府一二人所特创，实则本为南朝之旧制。盖南朝虽为北朝所并灭，其遗制当仍保存于地方之一隅，迨经过长久之期间，唐代所统治之北朝旧区域，其经济发展既与南朝相等，则承继北朝系统之中央政府遂取用此旧日南朝旧制之保存于江南地方者而施行之，前所谓唐代制度之江南地方化者，即指此言也。

《隋唐》七

唐代继承宇文泰关中本位之政策，西北边疆本重于东北，至于玄宗之世，对于东北更取消极维持之政策，而对于西北，则取积极进展之政策。其关涉政治史者本章可不置论，兹所论者即西北一隅历代为边防要地，其地方传统之财政经济制度经长久之演进，颇能适合国防要地之环境。唐玄宗既对西北边疆采军事积极政策，则此河湟地方传统有效之制度实有扩大推广而改为中央政府制度之需要，此即前所谓唐代制度之河西地方化也。

《隋唐》七

西北边州早行和籴之法，史已明言。牛仙客推行引用于关辅，此和籴之法乃由西北地方制度一变而成中央政府制度，所谓唐代制度之河西地方化者是也。

《隋唐》七

李吉甫所撰《元和国计总簿》虽在元和初年，然自安史乱后起，迄于唐亡，其所列中央政府财赋取办之地域大致无甚殊异。唐代自安史乱后，长安政权之得以继续维持，除文化势力外，仅恃东南八道财赋之供给。至黄巢之乱既将此东南区域之经济几全加破坏，复断绝汴路、运河之交通，而奉长安文化为中心、仰东南财赋以存立之政治集团，遂不得不土崩瓦解。大唐帝国之形式及实质，均于是告终矣。

《唐代》上篇

自咸通以后，南诏侵边，影响唐财政及内乱颇与明季之"辽饷"及流寇相类，此诚外患与内乱互相关系之显著例证也。夫黄巢既破坏东南诸道财富之区，时溥复断绝南北运输之汴路，借东南经济力量及科举文化以维持之李唐皇室，遂不得不倾覆矣。史家推迹庞勋之作乱，由于南诏之侵边，而勋之根据所在适为汴路之咽喉，故宋子京曰："唐亡于黄巢，而祸基于桂林。"（《新唐书·南诏传》论）呜呼！世之读史者傥亦有感于斯言欤？

《唐代》下篇

　　然则当明之季年，吴江盛泽区区一隅之地，其声伎风流之盛，几可比拟于金陵板桥。夫金陵乃明之陪都，为南方政治之中心，士大夫所集萃，秦淮曲院诸姬，文采艺术超绝一时，纪载流传，如余怀《板桥杂记》之类，即是例证。寅恪昔年尝论唐代科举进士词科与都会声伎之关系，列举孙棨《北里志》及韩偓《香奁集序》等，以证实之。明季党社诸人中多文学名流，其与当时声妓之关系，亦有类似于唐代者。金陵固可比于长安，但盛泽何以亦与西京相拟？其故盖非因政治，而实由经济之关系有以致之。……可知吴江盛泽实为东南最精丝织品制造市易之所，京省外国商贾往来集会之处。且其地复是明季党社文人出产地，即江浙两省交界重要之市镇。吴江盛泽诸名姬，所以可比美于金陵秦淮者，殆由地方丝织品之经济性，亦更因当日党社名流之政治性，两者有以相互助成之欤？

《别传》第三章

据上引史料观之，郑氏父子之兴起，非仅由武力，而经济方面，即当时中国与外洋通商贸易之关系有以致之。明南都倾覆，延平一系犹能继续朱氏之残余，几达四十年之久，绝非偶然。自飞黄、大木（**按：郑芝龙、郑成功**）父子之后，闽海东南之地，至今三百余年，虽累经人事之迁易，然实以一隅系全国之轻重。治史之君子，溯源追始，究世变之所由，不可不于此点注意及之也。

《别传》第四章

夫郑氏之兴起，虽由海盗，但其后即改为经营中国南洋日本间之物产贸易。苏杭为丝织品出产地，郑氏之设有行店，自是当然之事。况河东君以贵妇人之资格，以购买物品为名，与绸缎店肆往来，暗作通海之举，可免为外人所觉察也。此说未敢自信，姑记于此，以俟更考。

《别传》第五章

◎制度

唐玄宗欲依《周礼》太宰六典之文，成唐六官之典，以文饰太平。帝王一时兴到之举，殆未尝详思唐代官制，近因（北）齐隋，远祖汉魏，与《周礼》之制全不相同，难强为傅会也。……今观《六典》一书并未能将唐代职官之全体分而为六，以象《周礼》之制，仅取令式条文按其职掌所关，分别性质，约略归类而已。其书只每卷之首列叙官名员数同于《周礼》之序官，及尚书省六部之文摹仿《周礼》，比较近似，至于其余部分，则《周礼》原无此职，而唐代实有其官，傥取之以强附古经，则非独真面之迥殊，亦弥感骈枝之可去。……由此言之，依据《唐六典》不徒不足以证明唐代现行官制合于《周礼》，且转能反证唐制与《周礼》其系统及实质绝无关涉，而此反证乃本书主旨之所在也。

《隋唐》三

官职趋势，京官由小而大（如侍中），外官由大而小。

在朱延丰论文答辩会所言，朱自清日记 1933 年 3 月 23 日

……至宣武正始定律河西与江左二因子俱关重要，于是元魏之律遂汇集中原、河西、江左三大文化因子于一炉而冶

之，取精用宏，宜其经由北齐，至于隋唐，成为二千年来东亚刑律之准则也。

《隋唐》四

北周制律，强摹《周礼》，非驴非马，与其礼仪、职官之制相同……故隋受周禅，其刑律亦与礼仪、职官等皆不袭周而因齐，盖周律之矫揉造作，经历数十年而天然淘汰尽矣。

《隋唐》四

唐律因于隋开皇旧本，隋开皇定律又多因北齐，而北齐更承北魏太和正始之旧，然则其源流演变固了然可考而知也。

《隋唐》四

府兵制之前期为鲜卑兵制，为大体兵农分离制，为部酋分属制，为特殊贵族制；其后期为华夏兵制，为大体兵农合一制，为君主直辖制，为比较平民制。其前后两期分画之界限，则在隋代。周文帝、苏绰则府兵制创建之人，周武帝、隋文帝其变革之人，唐玄宗、张说其废止之人，而唐之高祖、太宗在此制度创建、变革、废止之三阶段中，恐俱无特殊地位者也。

《隋唐》六

◎建筑与军政

> 唐之宫城承隋之旧，犹清之宫城承明之旧……
>
> 《隋唐》二

> 至唐代则守卫宫城北门之禁军，以其驻屯地关系之故，在政变之际，其向背最足为重轻，此李唐一代中央政治革命之成败所以往往系于玄武门卫军之手者也。
>
> 《隋唐》二

> ……据此可知唐代之北军即卫宫之军，权力远在南军即卫城之军之上。其情势与西汉南北军所处者适相反。……至隋代所营建之大兴城，即后来唐代之长安城，其宫近城之北端，而市则在城之南方，其宫市位置适与以前之西汉长安城相反，故唐代之南北军与西汉之南北军其名虽同，而实际之轻重则相殊异也。夫中央政府之命令出于君主一人之身，君主所居之处乃政治剧变时成败之所系。西汉之长安，其宫在城南，故南军为卫宫之武力；唐代之长安，其宫在城北，故北军为卫宫之武力。苟明乎此，则唐代历次中央政治革命之成败，悉决于玄武门即宫城北门军事之胜负，而北军统制之权实即中央政柄之所寄托也。……武德九年六月四日玄武门

事变为唐代中央政治革命之第一次，而太宗一生最艰危之苦斗也。后世往往以成败论人，而国史复经胜利者之修改，故不易见当时真相。

《唐代》中篇

武德九年六月四日玄武门之事变为太宗一生中最艰苦之奋斗，其对方之建成、元吉亦是智勇俱备之人，谋士斗将皆不减于秦府左右，其结果则太宗胜而建成、元吉败者，其关键实在太宗能利用守卫宫城要隘玄武门之山东豪杰，如常何辈……

《论隋末唐初所谓"山东豪杰"》，《初编》

武则天虽居洛阳，然东都宫城之玄武门亦与长安宫城之玄武门同一位置，俱为形势要害之地。中宗复辟之成功，实在沟通北门禁军之故。张柬之既得羽林军统将李多祚之同意，大局即定，虽以武曌之枭杰，亦无抵御之能力矣。

《唐代》中篇

……自高祖、太宗至中宗、玄宗，中央政治革命凡四次，俱以玄武门之得失及屯卫北门禁军之向背为成败之关键。

《唐代》中篇

◎边疆与外族

　　凡前所举此时期宫廷政治之剧变多出于天师道之阴谋，考史者自不可得而忽视。溯其信仰之流传多起于滨海地域，颇疑接受外来之影响。盖二种不同民族之接触，其关于武事之方面者，则多在交通阻塞之点，即山岭险要之地。其关于文化方面者，则多在交通便利之点，即海滨湾港之地。凡史籍所纪之大战争，若考其杀人流血之旧墟，往往同在一地。吾国自来著述多侈言地形险要，非必尽由书生妄诞之习，喜言兵事，实亦因人类之行动如战争者，常受地形天然之限制，故人事与地势之关系遂往往为读史者议论之所及也。海滨为不同文化接触最先之地，中外古今史中其例颇多。斯篇之作，不过欲于此议复加一新证。并以见吾国政治革命，其兴起之时往往杂有宗教神秘性质，虽至今日，尚未能尽脱此历史之惯例。好学深思之士当能心知其意也。

　　　　　　　　　　　《天师道与滨海地域之关系》，《初编》

　　李唐一代为吾国与外族接触繁多，而甚有光荣之时期。近数十年来考古及异国文籍之发见移译能补正唐代有关诸外族之史事者颇多，固非此篇之所能详，亦非此篇之所欲论也。兹所欲论者只二端：一曰外族盛衰之连环性……所谓外族盛衰之连环性者，即某甲外族不独与唐室统治之中国接触，同时亦与其他之外族有关，其他外族之崛起或强大可致某甲外族之灭亡或衰弱，其间相互之因果虽不易详确分析，而唐室统治之中国遂受其兴亡强弱之影响，及利用其机缘，或坐承其弊害，故观察唐代中国与某甲外族之关系，其范围不可限于某甲外族，必通览诸外族相互之关系，然后三百年间中国与四夷更叠盛衰之故始得明了，时当［当时］唐室对外之措施亦可略知其意。盖中国与其所接触诸外族之盛衰兴废，常为多数外族间之连环性，而非中国与某甲外族间之单独性也。

　　　　　　　　　　　　　　　　　　　　　《唐代》下篇

　　首先应将唐史看作与近百年史同等重要的课题来研究。盖中国之内政与社会受外力影响之巨，近百年来尤为显著，是尽人皆知的，但对于唐史，则一般皆以为与外族无关，固大谬不然。因唐代与外国、外族之交接最为频繁，不仅限于武力之征伐与宗教之传播，唐代内政亦受外民族之决定性的影响。故须以现代国际观念来看唐史，此为空间的观念。

　　　　　　石泉、李涵《听寅恪师唐史课笔记一则》，《杂稿》

　　隋末中国北部群雄并起，悉奉突厥为大君，李渊一人岂能例外？温大雅《大唐创业起居注》所载唐初事最为实录，而其纪刘文静往突厥求援之本末，尚于高祖称臣一节隐讳不书。逮颉利败亡已后，太宗失喜之余，史臣传录当时语言，始泄露此役之真相。然则隋末唐初之际，亚洲大部民族之主人是突厥，而非华夏也。但唐太宗仅于十年之后，能以屈辱破残之中国一举而覆灭突厥者，固由唐室君臣之发奋自强，遂得臻此，实亦突厥本身之腐败及回纥之兴起二端有以致之也。

《唐代》下篇

吾民族武功之盛，莫过于汉唐。然汉高祖困于平城，唐高祖亦尝称臣于突厥，汉世非此篇所论，独唐高祖起兵太原时，实称臣于突厥，而太宗又为此事谋主，后来史臣颇讳饰之，以至其事之本末不明显于后世。夫唐高祖太宗迫于当时情势不得已而出此，仅逾十二三年，竟灭突厥而臣之，大耻已雪，奇功遂成，又何讳饰之必要乎？……则知隋末中国北方群雄几皆称臣于突厥，为其附庸，唐高祖起兵太原，亦为中国北方群雄之一，岂能于此独为例外？故突厥在当时实为东亚之霸主，史谓"戎狄之盛，近代未有"，诚非虚语。

《论唐高祖称臣于突厥事》，《寒柳》

可知狼为突厥民族之图腾。隋末北方群雄，既受突厥之狼头纛，则突厥亦以属部视之矣，哀哉。

《论唐高祖称臣于突厥事》，《寒柳》

则太宗与突利结香火之盟，即用此突厥法也。故突厥可视太宗为其共一部落之人，是太宗虽为中国人，亦同时为突厥人矣！其与突厥之关系，密切至此，深可惊讶者也。……呜呼！古今唯一之"天可汗"，岂意其初亦尝效刘武周辈之所为耶？初虽效之，终能反之，是固不世出人杰之所为也。又何足病哉！又何足病哉！

《论唐高祖称臣于突厥事》，《寒柳》

称臣突厥，乃当日崛起群雄所为者，非独唐也。然文静佐命功最多，实太宗之党，裴寂则高祖亲信，时借以迫胁高祖，其才智、功勋，皆非文静之比也。

《札记一》新唐书之部

唐关中乃王畿，故安西四镇为防护国家重心之要地，而小勃律所以成唐之西门也。玄宗之世，华夏、吐蕃、大食三大民族皆称盛强，中国欲保其腹心之关陇，不能不固守四镇。欲固守四镇，又不能不扼据小勃律，以制吐蕃，而断绝其与大食通援之道。当时国际之大势如此，则唐代之所以开拓西北，远征葱岭，实亦有其不得已之故，未可专咎时主之黩武开边也。夫中国与吐蕃既处于外族交互之复杂环境，而非中国与吐蕃一族单纯之关系，故唐室君臣对于吐蕃施行之策略亦即利用此诸族相互之关系。易言之，即结合邻接吐蕃诸外族，以为环攻包围之计。据上引《新〔唐〕书·南诏传》，可知贞元十七年之大破吐蕃，乃略收包围环攻之效者。而吐蕃与中亚及大食之关系，又韦南康以南诏制吐蕃之得策，均可于此传窥见一二也。

《唐代》下篇

可知吐蕃为唐代唯一劲敌，与诸外族不同。

《札记一》新唐书之部

唐之盛时尚不敌吐蕃，可见吐蕃之强大也。

《札记一》新唐书之部

（附）

《邺侯家传》论府兵废止之原因，其一为长期兵役，取刘仁轨任洮河镇守使为例证。盖唐代府兵之制其特异于西魏、北周之时期者，实在设置军府地域内兵农之合一。吐蕃强盛之长久，为与唐代接触诸外族之所不及，其疆土又延包中国西北之边境，故不能不有长期久戍之"长征健儿",而非从事农业之更番卫士所得胜任。然则《邺侯家传》所述诚可谓一语破的,此吐蕃之强盛所给予唐代中国内政上最大之影响也。

《唐代》下篇

然则淮蔡之平,回纥之力也。与沙陀之讨庞勋、黄巢,及王拭用回纥等骑兵平越乱者同也。

《札记一》旧唐书之部

李光颜忠武军之强,殆以沙陀部为其属之故也。……黄巢之平,殊得达靼之力,与败安、史,复都城,得力于回纥者同。

《札记一》新唐书之部

凡与吾国邻近游牧民族之行国,当其盛时,本部即本种,役属多数其他民族之部落,即别部。至其衰时,则昔日本部所役属之别部大抵分离独立,转而归附中国,或进居边境,渐入内地。于是中国乃大受影响。他不必论,即以唐代吐蕃为例。吐蕃始强盛于太宗贞观之时,而衰败于宣宗大中之世。大中之后,党项部落分别脱离吐蕃本部独立,散居吾国西北边境。如杨氏即戏剧小说中"杨家将"之"杨",如折氏即说部中"佘太君"之"佘"，皆五代北宋初活动于西北边塞之部族也。至若西夏之拓拔氏则关系吾国史乘自北宋至元代者，至巨且繁，更无待论矣。吐蕃之衰败时，其影响如是，突厥之衰败时，其影响亦然。

《论李栖筠自赵徙卫事》，《二编》

唐宣宗之以白敏中平党项，适如清高宗以傅恒平金川，皆自欺欺人之举。宣宗宜因此有感于德裕之边功及置备边库之筹策。……此点关系唐末五代及宋辽金元之世局颇巨。盖吐蕃衰乱之后，党项乘之代兴。宣宗之初年虽因机会恢复河湟，一洗肃代以来失地之大耻，然不能以武力平定西陲党项之叛乱，终出于粉饰敷衍苟安一时之下策。吾人于此不独可以窥见当日宣宗所感触之深，至于竟许素所甚恶之李德裕归葬，并可以推知后来北宋西夏相持并立之局势，彼时即已启其端。故华夏与党项两民族之盛衰，实非一朝一夕之故，其所从来者久矣。

《李德裕贬死年月及归葬传说辨证》，《二编》

……白敏中招降吐蕃境内党项诸部，除汉族张义潮外，其极西之拓跋部不肯归附，以致北宋之世，西夏与契丹最为中国之大患。

《李德裕贬死年月及归葬传说辨证》附记,《二编》

据此,则杨嗣昌陈新甲等皆主和议,而新甲且奉其君之命而行事者。徒以思陵劫于外廷之论,不敢毅然自任,遂致无成。夫明之季年,外见迫于辽东,内受困于张李。养百万之兵,糜亿兆之费,财尽而兵转增,兵多而民愈困。观其与清人先后应对之方,则既不能力战,又不敢言和。成一不战不和,亦战亦和之局,卒坐是以亡其国。此残篇故纸,盖三百年前废兴得失关键之所在,因略徵旧籍,以为参证如此。

《高鸿中明清和议条陈残本跋》,《二编》

(附)

今日之事,敌兵在境,岂可作城下之盟,置东省失地、淞沪牺牲于不顾。政府对日,当有一贯主张,不主妥协,即主抵抗,不用岳飞,即用秦桧。若用秦桧,即请斩蔡廷锴以谢日本,万勿阳战阴和,以欺国人。家国飘摇,生灵涂炭,瞻望京洛,哀愤交并。

陈氏领衔与容庚、吴宓、叶崇智、俞平伯、吴其昌、浦江清等七人联名对国民政府公开电,见《平教育界痛陈利害　请定救国大计　不用岳飞即用秦桧　各校抗日工作趋紧》,《北平晨报》民国二十一年3月5日

河东君诗"此日风烟给(?)泗左,无劳弓矢荡乌孙"

一联，与卧子（**按：陈子龙**）诗第六首"当烦大计推安攘"之语有关。至河东君之意，则谓不能安内，何能攘外。其语深中明末朝廷举措之失矣。

《别传》第三章

文学

◎文学与自由

吾国昔日善属文者，常思用古文之法，作骈俪之文。但此种理想能具体实行者，端系乎其人之思想灵活，不为对偶韵律所束缚。六朝及天水一代思想最为自由，故文章亦臻上乘，其骈俪之文遂亦无敌于数千年之间矣。若就六朝长篇骈俪之文言之，当以庾子山《哀江南赋》为第一。若就赵宋四六之文言之，当以汪彦章《代皇太后告天下手书》为第一。……职是之故，此文可认为宋四六体中之冠也。庾汪两文之词藻固甚优美，其不可及之处，实在家国兴亡哀痛之情感，于一篇之中，能融化贯彻，而其所以能运用此情感，融化贯通无所阻滞者，又系乎思想之自由灵活。故此等之文，必思想自由灵活之人始得为之。非通常工于骈四俪六，而思想不离于方罫之间者，便能操笔成篇也。……故无自由之思想，则无优美之文学，举此一例，可概其余。此易见之真理，世人竟不知之，可谓愚不可及矣。

《论再生缘》,《寒柳》

◎骈俪与对联

抑更有可论者，中国之文学与其他世界诸国之文学，不同之处甚多，其最特异之点，则为骈词俪语与音韵平仄之配合。就吾国数千年文学史言之，骈俪之文以六朝及赵宋一代为最佳。其原因固甚不易推论，然有一点可以确言，即对偶之文，往往隔为两截，中间思想脉络不能贯通。若为长篇，或非长篇，而一篇之中事理复杂者，其缺点最易显著，骈文之不及散文，最大原因即在于是。

《论再生缘》,《寒柳》

凡能对上等对子者，其人之思想必通贯而有条理，决非仅知配拟字句者所能企及。故可借之以选拔高才之士也。

昔罗马西塞罗 Cicero 辩论之文，为拉丁文中之冠。西土文士自古迄今，读之者何限，最近时德人始发见其文含有对偶。拉丁非单音语言，文有对偶，不易察知。故时历千载，犹有待发之覆。今言及此者，非欲助骈骊之文，增高其地位。不过借以说明对偶确为中国语文特性之所在，而欲研究此种特性者，不得不研究由此特性所产生之对子。

《与刘叔雅论国文试题书》，《二编》

凡上等之对子，必具正反合之三阶段。（平生不解黑智儿〔一译"黑格尔"〕之哲学，今论此事，不觉与其说暗合，殊可笑也。）

《与刘叔雅论国文试题书》，《二编》

妙对巧对不惟字面上平仄虚实尽对，"意思"亦要对工，且上下联之意要"对"而不同，不同而能合，即辩证法之"一正，一反，一合"。……如能上下两联并非同一意思，而能合起成一文理，方可见脑筋灵活，思想高明。

1932 年对学生言，

《"对对子"意义——陈寅恪教授发表谈话》，《杂稿》

其对子之题为"孙行者"，因苏东坡诗有"前生恐是卢行者，后学过呼韩退之"一联。"韩卢"为犬名。"行"与"退"皆步履进退之动词，"者"与"之"俱为虚字。东坡此联可称极中国对仗文学之能事。

《与刘叔雅论国文试题书》附记，《二编》

◎诗异于史

然则仇氏仅举出少陵所用之古典，实无安史焚烧洛阳宫殿之今典。可知子美此句乃诗人感伤之语，不可过于拘泥也。

《元白》附校补记

据唐代可信之第一等资料，时间空间，皆不容明皇与贵妃有夏日同在骊山之事实。杜牧袁郊之说，皆承讹因俗而来，何可信从？而乐天《长恨歌》"七月七日长生殿"之句，更不可据为典要。

《长恨歌》,《元白》

然自杨妃于开元二十九年正月二日入道，即入宫之后，明皇既未有巡幸洛阳之事，则太真更无以皇帝妃嫔之资格从游连昌之理，是太真始终未尝伴侍玄宗一至连昌宫也。诗中"上皇正在望仙楼，太真同凭栏干立"及"寝殿相连端正楼，太真梳洗楼上头"等句，皆傅会华清旧说（乐史《杨太真外传》下云："华清宫有端正楼，即贵妃梳洗之所。"），构成藻饰之词。才人故作狡狯之语，本不可与史家传信之文视同一例，恐读者或竟认为实有其事，特为之辨正如此。

《连昌宫词》,《元白》

吐蕃之陷凉原，实在大历以前。乐天以代宗一朝大历纪元最长，遂牵混言之。赋诗自不必过泥，论史则微嫌未谛也。

《新乐府·缚戎人》，《元白》

此乃依地理系统及历史事实以为推证，不得不然之结论。若有以说诗专主考据，以致佳诗尽成死句见责者，所不敢辞罪也。

《韦庄秦妇吟校笺》，《寒柳》

杨词李诗所谓芙蓉，盖指出水之新荷，而非盛放之莲花，如徐闇公诗所言者。文人才女之赋咏，不必如考释经典，审核名物之拘泥。

《别传》第三章

"娇睡"一语，若出《元氏长庆集》二四《连昌宫词》"春娇满眼睡红绡"句，则可称适当。若出传世本《才调集》五元稹《梦游春》诗"娇娃睡犹怒"句，则"娇娃"乃"獢狂"之讹写，似微有未妥。但才子词人之文章，绝不应拘执考据版本家之言以绳之也。

《别传》第三章

至于神灵怪诞之说，地理历史之误，本为吾国小说通病，《再生缘》一书，亦不能免。然自通识者观之，此等瑕疵，或为文人狡狯之寓言，固不可泥执；或属学究考据之专业，更不必以此苛责闺中髫龄戏笔之小女子也。

《论再生缘》，《寒柳》

曾朴《孽海花》为合肥女菊偶伪作七律二首，其第二首第一联下句"杀敌书生纸上兵"即是此意。赵竺桓炳麟《柏岩感旧诗话》一竟认此诗真为合肥女所作，可笑也。

《寒柳堂记梦未定稿（补）》，《寒柳》

◎古典与今典

古今读《哀江南赋》者众矣，莫不为其所感，而所感之情，则有浅深之异焉。其所感较深者，其所通解亦必较多。兰成作赋，用古典以述今事。古事今情，虽不同物，若于异中求同，同中见异，融会异同，混合古今，别造一同异俱冥，今古合流之幻觉，斯实文章之绝诣，而作者之能事也。自来解释《哀江南赋》者，虽于古典极多诠说，时事亦有所徵引。然关于子山作赋之直接动机及篇中结语特所致意之点，止限于诠说古典，举其词语之所从出，而于当日之实事，即子山所用之"今典"，似犹有未能引证者。

《读哀江南赋》，《初编》

自来诂释诗章，可别为二。一为考证本事，一为解释辞句。质言之，前者乃考今典，即当时之事实。后者乃释古典，即旧籍之出处。牧斋之诗，有钱遵王曾所注《初学集》《有学集》。遵王与牧斋关系密切，虽抵触时禁，宜有所讳。又深恶河东君，自不著其与牧斋有关事迹。然综观两集之注，其有关本事者，亦颇不少。

《别传》第一章

我认为诗所以可用来作为史料的缘故，还因为它是现实的反映。陈先生说过："诗若不是有两个意思，便不是好诗。"大概指的是古典今典吧。要从古典来体会今典，是不容易之事。他的诗自然是有两个意思的，所以难于通解。我相信将来必会有史家用他的"以诗证史"的方法，把他全部的诗，拿来与近代史相印证。

黄萱《怀念陈寅恪教授——在十四年工作中的点滴回忆》，《追忆》

颇疑南北通使，江左文章本可以流传关右，何况初明（按：沈炯）失喜南归之作，尤为子山思归北客所亟欲一观者耶？子山殆因缘机会，得见初明此赋。其作《哀江南赋》之直接动机，实在于是。注《哀江南赋》者，以《楚辞·招魂》之"魂兮归来哀江南"一语，以释其命名之旨。虽能举其遣词之所本，尚未尽其用意之相关。是知古典矣，犹未知"今典"也。故读子山之《哀江南赋》者，不可不并读初明之《归魂赋》。深惜前人未尝论及，遂表而出之，以为读《哀江南赋》者进一解焉。

《读哀江南赋》,《初编》

考安禄山之种族在其同时人之著述及专纪其事之书中，均称为柘羯或羯胡……若杜工部《咏怀古迹》之诗其"羯胡事主终无赖"之句，则不仅用梁侯景之古典（如《梁书》五五《武陵王纪传》云"羯胡叛涣"，即是一例），实兼取今事入之于诗也。

《唐代》上篇

杜工部《咏怀古迹》第一首第五句云："羯胡事主终无赖。"羯胡指安禄山，亦即以之比侯景也。……其中以己身比庾信，以玄宗比梁武，以安禄山比侯景。今以无赖之语属之羯胡，则知杜公之意，庾赋中"无赖子弟"一语乃指侯景而言。证以当日情事，实为切当不移。

《庾信哀江南赋与杜甫咏怀古迹诗》，《二编》

庾信《哀江南赋》云："天道周星，物极不反。"盖子山谓岁星十二年一周天，人事亦当如之。今既不然，可悲甚矣。端生云："悠悠十二年来事，尽在明堂一醉间。"又云："岁次甲辰春二月，芸窗重写再生缘。"自《再生缘》十六卷写完，至第一七卷续写，其间已历十二年之久，天道如此，人事宜然。此端生之所以于第一七卷之首，开宗明义即云："搔首呼天欲问天，问天天道可能还。"古典今情合为一语，其才思之超越固不可及，而平日于子山之文，深有解会，即此可见。

《论再生缘》，《寒柳》

至崇祯十三年冬间河东君访牧斋于虞山之半野堂，初赠钱诗有"江左风流物论雄"及"东山葱岭莫辞从"之语，则以牧斋拟谢安石，而自比于东山伎。盖牧斋此时以枚卜失意家居，正是候补宰相之资格，与谢太傅居东山时之身分切合也。由此言之，河东君不仅能混合古典今事，融洽无间。且拟人必于其伦，胸中忖度，毫厘不爽，上官婉儿玉尺之誉，可以当之无愧。

《别传》第三章

　　夫河东君此诗既以谢安石比牧斋，复以"弹丝吹竹"之东山妓女自比。然则牧斋此时在半野堂编诗，以东山名集。黄皆令后来居绛云楼画扇，其题语有"东山阁"之称。俱实指今事，非虚用古典也。

《别传》第四章

　　更考"横塘"地名之出处，时代较早，且为词章家所习用者，恐当推《文选》五左太冲《吴都赋》："横塘查下，邑屋隆夸。长干延属，飞甍舛互。"其地实在江宁。后来在吴越间以"横塘"为名者更多，故文人作品中，往往古典今典参合赋咏。即就让木同时人之诗言之，如吴梅村《圆圆曲》"前身合是采莲人，门前一片横塘水"之"横塘"，依靳介人注，则在苏州。钱牧斋《茸城惜别》诗"绣水香车度，横塘锦缆牵"之"横塘"，依钱遵王注，则在嘉兴。此皆其例证。由是言之，让木诗中之"横塘"，虽与嘉兴之环境符合，然吴越水乡本甚相似，故亦能适合吴江盛泽镇归家院之地，不必限于禾中一隅也。

《别传》第三章

细绎牧斋所作之长笺，皆借李唐时事，以暗指明代时事，并极其用心抒写己身在明末政治蜕变中所处之环境。实为古典今典同用之妙文。

《别传》第五章

◎用典与次生出处

凡诠释诗句，要在确能举出作者所依据以构思之古书，并须说明其所以依据此书，而不依据他书之故。若仅泛泛标举，则纵能指出最初之出处，或同时之史事，其实无当于第一义谛也。

《新乐府·七德舞》，《元白》

凡考释文句，虽须引最初材料，然亦有非取第二第三手材料合证不可者。

《别传》第四章

抑更有可论者，解释古典故实，自当引用最初出处，然最初出处，实不足以尽之，更须引其他非最初，而有关者，以补足之，始能通解作者遣辞用意之妙。……若钱柳因缘诗，则不仅有远近出处之古典故实，更有两人前后诗章之出处。若不能探河穷源，剥蕉至心，层次不紊，脉络贯注，则两人酬和诸作，其辞锋针对，思旨印证之微妙，绝难通解也。

《别传》第一章

白（按：白居易）诗用典，不一定用最早的典，而是用与其题目最适合之典。

《元白诗证史》,《梁方仲笔记》

初视之，似牧斋已明白告人以此楼所以题名"绛云"之故，更无其他出处矣。但若知河东君之初名中有一"云"字，则用"绛云"之古典，兼指河东君之旧名，用事遣辞殊为工切允当。如以为仅用陶隐居之书，则不免为牧斋所窃笑也。

《别传》第二章

至"青鸟乍传三岛意"句，则青鸟为西王母之使者，亦常用典故，无取赘释。"青鸟"与"三岛"连用，自出《李义山诗集》上《无题》诗，"蓬山此去无多路，青鸟殷勤为探看"之语，又不待言也。所可注意者，据钱氏所述周文岸之母以河东君善于趋承，爱怜之。后又因周母之故，免于被杀，得鬻为娼。似河东君与周母之间，原有特别关系。或者

河东君之入周家，本由周母命人觅购婢女以侍奉己身。故河
东君初时实为周母房中之侍婢。宋氏用青鸟之典，以西王母
比周母，即指此而言。文岸之以河东君为妾，殆从周母处乞
得之者。此类事例，乃旧日社会家庭中所恒见。若作如此假
设，关于河东君所以因周母而得免于死之故，更可明了矣。

《别传》第三章

◎佛教与文体起源

可知有相夫人生天因缘，为西北当日民间盛行之故事，
歌曲画图，莫不于斯取材。今观佛曲体裁，殆童受《喻鬘
论》，即所谓马鸣《大庄严经论》之支流，近世弹词一体，
或由是演绎而成。此亦治文化史者，所不可不知者也。

《有相夫人生天因缘曲跋》,《二编》

佛典制裁长行与偈颂相间，演说经义自然仿效之，故为
散文与诗歌互用之体。后世衍变既久，其散文体中偶杂以诗
歌者，遂成今日章回体小说。其保存原式，仍用散文诗歌合
体者，则为今日之弹词。此种由佛经演变之文学，贞松先生
特标以佛曲之目。然《古杭梦余录》《武林旧事》等书中本

有说经旧名，即演说经义，或与经义相关诸平话之谓。《敦煌零拾》之三种佛曲皆属此体，似不如迳称之为演义，或较适当也。今取此篇与鸠摩罗什译《维摩诘所说经》原文互勘之，益可推见演义小说文体原始之形式，及其嬗变之流别，故为中国文学史绝佳资料。

《敦煌本维摩诘经文殊师利问疾品演义跋》，《二编》

印度人为最富于玄想之民族，世界之神话故事多起源于天竺，今日治民俗学者皆知之矣。自佛教流传中土后，印度神话故事亦随之输入。观近年发现之敦煌卷子中，如《维摩诘经文殊问疾品演义》诸书，益知宋代说经，与近世弹词章回体小说等，多出于一源，而佛教经典之体裁与后来小说文学，盖有直接关系。此为昔日吾国之治文学史者，所未尝留意者也。

……据此，则《贤愚经》者，本当时昙学等八僧听讲之笔记也。今检其内容，乃一杂集印度故事之书。以此推之，可知当日中央亚细亚说经，例引故事以阐经义。此风盖导源于天竺，后渐及于东方。故今大藏中《法句譬喻经》等之体制，实印度人解释佛典之正宗。此土释经著述，如天台诸祖之书，则已支那化，固与印度释经之著作有异也。夫说经多引故事，而故事一经演讲，不得不随其说者听者本身之程度及环境，而生变易，故有原为一故事，而歧为二者，亦有原为二故事，而混为一者。又在同一事之中，亦可以甲人代乙人，或在同一人之身，亦可易丙事为丁事。若能溯其本源，析其成分，则可以窥见时代之风气，批评作者之技能，于治小说文学史者傥亦一助欤？

《西游记玄奘弟子故事之演变》，《二编》

寅恪少喜读小说，虽至鄙陋者亦取寓目。独弹词七字唱之体则略知其内容大意后，辄弃去不复观览，盖厌恶其繁复冗长也。及长游学四方，从师受天竺希腊之文，读其史诗名著，始知所言宗教哲理，固有远胜吾国弹词七字唱者，然其构章遣词，繁复冗长，实与弹词七字唱无甚差异，绝不可以桐城古文义法及江西诗派句律绳之者，而少时厌恶此体小说之意，遂渐减损改易矣。又中岁以后，研治元白长庆体诗，穷其流变，广涉唐五代俗讲之文，于弹词七字唱之体，益复有所心会。

《论再生缘》，《寒柳》

弹词之文体即是七言排律，而间以三言之长篇巨制。……弹词之作品颇多，鄙意《再生缘》之文最佳，微之所谓"铺陈终始，排比声韵"，"属对律切"，实足当之无愧，而文词累数十百万言，则较"大或千言，次犹数百"者，更不可同年而语矣。世人往往震矜于天竺希腊及西洋史诗之名，而不知吾国亦有此体。外国史诗中宗教哲学之思想，其精深博大，虽远胜于吾国弹词之所言，然止就文体立论，实未有差异。弹词之书，其文词之卑劣者，固不足论。若其佳者，如《再生缘》之文，则在吾国自是长篇七言排律之佳诗。在外国亦与诸长篇史诗，至少同一文体。寅恪四十年前常读希腊梵文诸史诗原文，颇怪其文体与弹词不异。然当时尚不免拘于俗见，复未能取《再生缘》之书，以供参证，故噤不敢发。荏苒数十年，迟至暮齿，始为之一吐，亦不顾当世及后来通人之讪笑也。

《论再生缘》，《寒柳》

至《灭罪冥报传》（按：《忏悔灭罪金光明经冥报传》）之作，意在显扬感应，劝奖流通，远托《法句譬喻经》之体裁，近启《太上感应篇》之注释，本为佛教经典之附庸，渐成小说文学之大国。盖中国小说虽号称富于长篇巨制，然一察其内容结构，往往为数种《感应》《冥报》传记杂糅而成。若能取此类果报文学详稽而广证之，或亦可为治中国小说史者之一助欤。

《忏悔灭罪金光明经冥报传跋》，《二编》

　　盖佛经大抵兼备"长行"即散文及偈颂即诗歌两种体裁。而两体辞意又往往相符应。考"长行"之由来，多是改诗为文而成者，故"长行"乃以诗为文，而偈颂亦可视为以文为诗也。天竺偈颂音缀之多少，声调之高下，皆有一定规律，唯独不必叶韵。六朝初期四声尚未发明，与罗什共译佛经诸僧徒虽为当时才学绝伦之人，而改竺为华，以文为诗，实未能成功。惟仿偈颂音缀之有定数，勉强译为当时流行之五言诗，其他不遑顾及，故字数虽有一定，而平仄不调，音韵不叶，生吞活剥，似诗非诗，似文非文，读之作呕。此罗什所以叹恨也。……自东汉至退之以前，此种以文为诗之困难问题迄未有能解决者。退之虽不译经偈，但独运其天才，以文为诗，若持较华译佛偈，则退之之诗词皆〔旨〕声韵无不谐当，既有诗之优美，复具文之流畅，韵散同体，诗文合一，不仅空前，恐亦绝后，决非效颦之辈所能企及者矣。后来苏东坡、辛稼轩之词亦是以文为之，此则效法退之而能成功者也。

《论韩愈》，《初编》

◎古文运动与小说

但何以元白二公忽于兹有此内中国而外夷狄之议论？初视之，颇不可解，细思之，则知其与古文运动有关。盖古文运动之初起，由于萧颖士李华独孤及之倡导与梁肃之发扬。此诸公者，皆身经天宝之乱离，而流寓于南土，其发思古之情，怀拨乱之旨，乃安史变叛刺激之反应也。唐代当时之人既视安史之变叛，为戎狄之乱华，不仅同于地方藩镇之抗拒中央政府，宜乎尊王必先攘夷之理论，成为古文运动之一要点矣。昌黎于此认识最确，故主张一贯，其他古文运动之健者，若元白二公，则于不自觉之中，间接直接受此潮流之震荡，而具有潜伏意识，遂藏于心者发于言耳。古文运动为唐代政治社会上一大事，不独有关于文学。

《新乐府·法曲》,《元白》

今所欲论者，即唐代古文运动一事，实由安史之乱及藩镇割据之局所引起。安史为西胡杂种，藩镇又是胡族或胡化之汉人，故当时特出之文士自觉或不自觉，其意识中无不具有远则周之四夷交侵，近则晋之五胡乱华之印象，"尊王攘夷"所以为古文运动中心之思想也。在退之稍先之古文家如萧颖士、李华、独孤及、梁肃等，与退之同辈之古文家如柳宗元、刘禹锡、元稹、白居易等，虽同有此种潜意识，然均不免认识未清晰，主张不彻底，是以不敢亦不能因释迦为夷狄之人，佛教为夷狄之法，抉其本根，力排痛斥，若退之之所言所行也。退之之所以得为唐代古文运动领袖者，其原因即在于是……

《论韩愈》,《初编》

则知退之在当时古文运动诸健者中，特具承先启后作一大运动领袖之气魄与人格，为其他文士所不能及。……世传隋末王通讲学河汾，卒开唐代贞观之治，此固未必可信，然退之发起光大唐代古文运动，卒开后来赵宋新儒学新古文之文化运动，史证明确，则不容置疑者也。

《论韩愈》,《初编》

盖唐代贞元、元和古文运动由于天宝乱后居留南方之文士对于当时政教之反动及民间俗体文之薰习，取古文之体，以试作小说，而卒底于成功者。

《隋唐》三

贞元、元和为古文之黄金时代，亦为小说之黄金时代。韩集中颇多类似小说之作。《石鼎联句诗并序》及《毛颖传》

皆其最佳例证。前者尤可云文备众体，盖同时史才、诗笔、议论俱见也。要之，韩愈实与唐代小说之传播具有密切关系。今之治中国文学史者，安可不于此留意乎？

《韩愈与唐代小说》，《杂稿》

盖唐代科举之盛，肇于高宗之时，成于玄宗之代，而极于德宗之世。德宗本为崇奖文词之君主，自贞元以后，尤欲以文治粉饰苟安之政局。就政治言，当时藩镇跋扈，武夫横恣，固为纷乱之状态。然就文章言，则其盛况殆不止追及，且可超越贞观开元之时代。此时之健者有韩柳元白，所谓"文起八代之衰"之古文运动，即发生于此时，殊非偶然也。又中国文学史中别有一可注意之点焉，即今日所谓唐代小说者，亦起于贞元元和之世，与古文运动实同一时，而其时最佳小说之作者，实亦即古文运动中之中坚人物是也。此二者相互之关系，自来未有论及之者。……古文之兴起，乃其时古文家以古文试作小说，而能成功之所致，而古文乃最宜于作小说者也。

《长恨歌》，《元白》

是故唐代贞元元和间之小说，乃一种新文体，不独流行当时，复更辗转为后来所则效，本与唐代古文同一原起及体制也。唐代举人之以备具众体之小说之文求知于主司，即与以古文诗什投献者无异。元稹李绅撰《莺莺传》及《歌》于贞元时，白居易与陈鸿撰《长恨歌》及《传》于元和时，虽非如赵氏所言是举人投献主司之作品，但实为贞元元和间新兴之文体。此种文体之兴起与古文运动有密切关系，其优点在便于创造，而其特征则尤在备具众体也。

既明乎此，则知陈氏之《长恨歌传》与白氏之《长恨歌》非通常序文与本诗之关系，而为一不可分离之共同机构。赵氏所谓"文备众体"中，"可以见诗笔"（赵氏所谓诗笔系与史才并举者。史才指小说中叙事之散文言。诗笔即谓诗之笔法，指韵文而言。其笔字与六朝人之以无韵之文为笔者不同）之部分，白氏之歌当之。其所谓"可以见史才""议论"之部分，陈氏之传当之。

《长恨歌》，《元白》

又唐人小说例以二人合成之。一人用散文作传，一人以歌行咏其事。如陈鸿作《长恨歌传》，白居易作《长恨歌》。元稹作《莺莺传》，李绅作《莺莺歌》。白行简作《李娃传》，元稹作《李娃行》。白行简作《崔徽传》，元稹作《崔徽歌》。此唐代小说体例之原则也。

《论再生缘》，《寒柳》

自古文人尊古卑今，是古非今之论多矣，实则对外之宣传，未必合于其衷心之底蕴也。沈休文取当时善声沙门之说创为四声，而其论文则袭用自昔相传宫商五音之说，韩退之酷喜当时俗讲，以古文改写小说，而自言非三代两汉之书不敢观。此乃吾国文学史上二大事，而其运动之成功，实皆为以古为体，以今为用者也。乐天之作《新乐府》，以《诗经》、古诗为体裁，而其骨干则实为当时民间之歌曲，亦为其例。韩白二公同属古文运动之中心人物，其诗文议论外表内在冲突之点，复相类似。读此《华原磬》篇者，苟能通知吾国文学史上改革关键之所在，当不以诗语与《策林》之说互相矛盾为怪也。

《新乐府·华原磬》，《元白》

此传（按：《莺莺传》）之文词亦有可略言者，即唐代贞元元和时小说之创造，实与古文运动有密切关系是也。……其实当时致力古文，而思有所变革者，并不限于昌黎一派。元白二公，亦当日主张复古之健者。不过宗尚稍不同，影响亦因之有别，后来遂湮没不显耳。……是以在当时一般人心目中，元和一代文章正宗，应推元白，而非韩柳。与欧宋重修《唐书》时，其评价迥不相同也。

《读莺莺传》，《元白》

◎新乐府与白居易

然则二公《新乐府》之作，乃以古昔采诗观风之传统理论为抽象之鹄的，而以唐代杜甫即事命题之乐府，如《兵车行》者，为其具体之模楷，固可推见也。

《新乐府》，《元白》

至乐天之作，则多以重叠两三字句，后接以七字句，或三字句后接以七字句。此实深可注意。考三三七之体，虽古乐府中已不乏其例，即如杜工部《兵车行》，亦复如是。但乐天《新乐府》多用此体，必别有其故。……寅恪初时颇疑其与当时民间流行歌谣之体制有关，然苦无确据，不敢妄说。后见敦煌发见之变文俗曲殊多三三七句之体，始得其解。……然则乐天之作《新乐府》，乃用《毛诗》、乐府古诗，及杜少陵诗之体制，改进当时民间流行之歌谣。实与贞元元和时代古文运动巨子如韩昌黎元微之之流，以《太史公书》《左氏春秋》之文体试作《毛颖传》《石鼎联句诗序》《莺莺传》等小说传奇者，其所持之旨意及所用之方法，适相符同。其差异之点，仅为一在文备众体小说之范围，一在纯粹诗歌之领域耳。由是言之，乐天之作《新乐府》，实扩充当时之古文运动，而推及之于诗歌，斯本为自然之发展。

惟以唐代古诗，前有陈子昂李太白之复古诗体。故白氏《新乐府》之创造性质，乃不为世人所注意。实则乐天之作，乃以改良当日民间口头流行之俗曲为职志。与陈李辈之改革齐梁以来士大夫纸上摹写之诗句为标榜者，大相悬殊。其价值及影响，或更较为高远也。此为吾国中古文学史上一大问题，即"古文运动"本由以"古文"试作小说而成功之一事。……而白乐天之《新乐府》，亦是以乐府古诗之体，改良当时民俗传诵之文学，正同于以"古文"试作小说之旨意及方法。

《新乐府》,《元白》

然观吾国佛经翻译，其偈颂在六朝时，大抵用五言之体，唐以后则多改用七言。盖吾国语言文字逐渐由短简而趋于长烦，宗教宣传，自以符合当时情状为便，此不待详论者也。职是之故，白香山于作《秦中吟》外，更别作《新乐府》。《秦中吟》之体乃五言古诗，而《新乐府》则改用七言，且间以三言，蕲求适应于当时民间歌咏，其用心可以推见也。

《论再生缘》,《寒柳》

（附）

　　唐诗七言的最多，因与音乐有关。现在中亚细亚人唱的多是七言。翻译的佛经，也是四句七言。可见七言对于饮食、起居、交际，都很有关系。

黄萱《唐代史听课笔记片断》,《杂稿》

　　其全部组织如是之严，用意如是之密，求之于古今文学中，洵不多见。是知白氏《新乐府》之为文学伟制，而能孤行广播于古今中外之故，亦在于是也。

《新乐府》,《元白》

　　……自述其作乐府之本志，则曰："惟歌生民病，愿得天子知。"此即其"采诗""讽谏"之旨意也。《新乐府》以此篇为结后之作，正如常山之蛇尾，与首篇有互相救护之用。其组织严密，非后世摹仿者所能企及也。

《新乐府·采诗官》,《元白》

（附）

　　综观吾国之文学作品，一篇之文，一首之诗，其间结构组织，出于名家之手者，则甚精密，且有系统。然若为集合多篇之文多首之诗而成之巨制，即使出自名家之手，亦不过取多数无系统或各自独立之单篇诗文，汇为一书耳。其中固有例外之作，如刘彦和之《文心雕龙》，其书或受佛教论藏之影响，以轶出本文范围，故不置论。又如白乐天之《新乐府》，则拙著《元白诗笺证稿》新乐府章中言之已详，亦不赘论。至于吾国小说，则其结构远不如西洋小说之精密。在欧洲小说未经翻译为中文以前，凡吾国著名之小说，如《水浒传》《石头记》与《儒林外史》等书，其结构皆甚可议。寅恪读此类书甚少，但知有《儿女英雄传》一种，殊为例外。其书乃反《红楼梦》之作，世人以其内容不甚丰富，往往轻视之。然其结构精密，颇有系统，转胜于曹书，在欧西小说未输入吾国以前，为罕见之著述也。哈葛德者，其文学地位在英文中，并非高品。所著小说传入中国后，当时桐城派古文名家林畏庐深赏其文，至比之史迁。能读英文者，颇怪其拟于不伦。实则琴南深受古文义法之薰习，甚知结构之必要，而吾国长篇小说，则此缺点最为显著，历来文学名家轻视小说，亦由于是。（桐城派名家吴挚甫序严译《天演论》，谓文有三害，小说乃其一。文选派名家王壬秋鄙韩退之、侯朝宗之文，谓其同于小说。）一旦忽见哈氏小说，结构精密，遂惊叹不已，不觉以其平日所最崇拜之司马子长相比也。今观《再生缘》为续《玉钏缘》之书，而《玉钏缘》之文冗长支蔓殊无系统结构，与《再生缘》之结构精密、系统分明者，实有天渊之别。若非端生之天才卓越，何以得至此乎？总之，不支蔓有系统，在吾国作品中，如为短篇，其作者精力尚能顾及，文字剪裁，亦可整齐。若是长篇巨制，文字逾数十百万言，如弹词之体者，求一叙述有重点中心，结构无夹杂骈枝等病之作，以寅恪所知，要以《再生缘》为弹词中第一部书也。端生之书若是，端生之才可知，在吾国文学史中，亦不多见。但世人往往不甚注意，故特标出之如此。

《论再生缘》，《寒柳》

碑志之文自古至今多是虚美之词，不独乐天当时为然。韩昌黎志在春秋，欲"作唐一经，诛奸佞于既死，发潜德之幽光"，而其撰韩宏碑则殊非实录。此篇（**按：白居易《新乐府·青石》**）标举段颜之忠业，以劝人臣之事君。若昌黎之曲为养寇自重之藩镇讳者，视之宁无愧乎？前言昌黎欲作《唐春秋》，而不能就。乐天则作《新乐府》，以拟三百篇，有志竟成。于此虽不欲论二公之是非高下，然读此篇者，取刘义之言以相参证，亦足见当时社会风气之一斑。

《新乐府·青石》，《元白》

又取乐天此篇"有一征夫年七十，见弄凉州低面泣"与《骠国乐》"时有击壤老农夫，暗测君心闲独语"及《秦中吟·买花》"有一田舍翁""低头独长叹"相较，其笔法正复相同，此为乐天最擅长者。

《新乐府·西凉伎》，《元白》

《顺宗实录》中最为宦官所不满者，当是述永贞内禅一节，然其书宫市事，亦涉及内官，自亦为修定本所删削。今传世之《顺宗实录》乃昌黎之原本，故犹得从而窥见当日宫市病民之实况，而乐天此篇竟与之吻合。于此可知白氏之诗，诚足当诗史。比之少陵之作，殊无愧色。其《寄唐生》诗中所谓"转作乐府诗""不惧权豪怒"者，洵非夸词也。

《新乐府·卖炭翁》,《元白》

◎文学杂说

据此可知，唐代好诗之主，皆喜观览当时文士作品。但帝王深居九重，与通常人民隔绝，非经由宦寺之手，必无从得见此等当时新作品。……由是言之，《长恨歌》之所以为宪宗所深赏，并阉寺视为与彼类无涉之作品，可以推知。

《元白》附校补记

夫元白二公，诗友也，亦诗敌也。故二人之间，互相仿效，各自改创，以蕲进益。有仿效，然后有似同之处。有改创，然后有立异之点。傥综合二公之作品，区分其题目体裁，考定其制作年月，详绎其意旨词句，即可知二公之于所极意之作，其经营下笔时，皆有其诗友或诗敌之作品在心目中，仿效改创，从同立异，以求超胜，决非广泛交际率尔酬和所为也。关于此义，寅恪已于《长恨歌》《琵琶引》《连昌宫词》诸章阐明之，兹亦可取用参证，即所谓比较之研究是也。

《古题乐府》,《元白》

乐天深赏梦得诗之处，即乐天自觉其所作逊于刘诗之处。此杜少陵所谓"文章千古事，得失寸心知"者，非他人，尤非功力远不及己之人，所能置喙也。

《白乐天与刘梦得之诗》,《元白》

类书之作，本为便利属文，乐天尤喜编纂类书，如《策林》之类。盖其初原为供一己之使用，其后乃兼利他人也。唐世应进士制科之举子，固须玩习类书，以为决科射策之需，而文学侍从之臣，亦必翻检类书，以供起草代言之用。

《新乐府·七德舞》,《元白》

◎名篇散论

今《离骚》篇首以"摄提贞于孟陬"为言，固历元用寅之义也，篇末以从彭咸之遗则为结……由是推之，《离骚》当与道家有关……

《崔浩与寇谦之》，《初编》

陶渊明《桃花源记》寓意之文，亦纪实之文也。

《桃花源记旁证》，《初编》

然据《后汉书·南蛮传》章怀注引干宝《晋纪》，知庐江郡之地即士行（按：陶侃）乡里所在，原为溪族杂处区域，而士行后裔一代逸民之《桃花源记》本属根据实事，加以理想化之作……

《魏书司马叡传江东民族条释证及推论》，《初编》

《桃花源记》为描写当时坞壁之生活，而加以理想化者，非全无根据之文也。……惟有一事特可注意者，即渊明理想中之社会无君臣官长尊卑名分之制度，王介甫《桃源行》"虽有父子无君臣"之句深得其旨，盖此文乃是自然而非名教之作品，借以表示其不与刘寄奴新政权合作之意也。

《陶渊明之思想与清谈之关系》，《初编》

……其文理连贯，逻辑明晰，非仅善于咏事，亦更善于说理也。少陵为中国第一诗人，其被困长安时所作之诗，如《哀江头》《哀王孙》诸篇，古今称其文词之美，忠义之忱，或取与王右丞"凝碧池头"之句连类为说。殊不知摩诘艺术禅学，固有过于少陵之处，然少陵推理之明，料事之确，则远非右丞所能几及。由此言之，古今治杜诗者虽众，而于少陵之为人，似犹知之未尽。

《书杜少陵哀王孙诗后》，《二编》

《连昌宫词》末章"老翁此意深望幸，努力庙谟休用兵"之语，与后来穆宗敬宗两朝之政治尤有关系……当宪宗之世，主持用兵者，宰相中有李吉甫武元衡裴度诸人，宦官中则有吐突承璀。然宦官亦有朋党，与士大夫相似。其弑宪宗立穆宗及杀吐突承璀之诸宦官，世号为"元和逆党"。崔潭峻者，此逆党中之一人。故"消兵"之说，为"元和逆党"及长庆初得志于朝之士大夫所主持。……但《连昌宫词》末章之语，同于萧俛段文昌"消兵"之说，宜其特承穆宗知赏，而为裴晋公所甚不能堪。此则读是诗者，于知人论世之义，不可不留意及之也。

《连昌宫词》，《元白》

夫潭峻既为拥立穆宗之元和逆党中人，其主张"销兵"自不待言，于是知元才子《连昌宫词》全篇主旨所在之结句"努力庙谟休用兵"一语，实关涉当时政局国策，世之治史读诗者幸勿等闲放过也。

《唐代》中篇

狐能为怪之说，由来久矣。而幻为美女以惑人之物语，则恐是中唐以来方始盛传者。

《新乐府·古冢狐》，《元白》

杜公此诗（按：《咏怀古迹》）实一《哀江南赋》之缩本。

《庾信哀江南赋与杜甫咏怀古迹诗》，《二编》

寅恪于论《长恨歌》时，已言乐天之诗句与陈鸿之传文所以特为佳胜者，实在其后半节畅述人天生死形魂离合之关系，而此种物语之增加，则由汉武帝李夫人故事转化而来。

此篇以李夫人为题，即取《长恨歌》及《传》改缩写成者也。……盖此篇实可以《长恨歌》著者自撰之笺注视之也，而今世之知此义者不多矣。

《新乐府·李夫人》，《元白》

又李义山《马嵬》七律首二句"海外徒闻更九州，他生未卜此生休"实为绝唱，然必系受《长恨歌》"忽闻海上有仙山"一节之暗示无疑。否则义山虽才思过人，恐亦不能构想及此。故寅恪尝谓此诗乃《长恨歌》最佳之缩本也。

《长恨歌》，《元白》

往岁读《咏怀堂集》（按：阮大铖《咏怀堂诗集》），颇喜之，以为可与严惟中之《钤山》（按：《钤山堂集》），王修微之《樾馆》（按：《樾馆诗》）两集，同是有明一代诗什之佼佼者，至所著诸剧本中，《燕子笺》《春灯谜》二曲，尤推佳作。其痛陈错认之意，情辞可悯。此固文人文过饰非之伎俩，但东林少年似亦持之太急，杜绝其悔改自新之路，竟以"防乱"为言，遂酿成仇怨报复之举动，国事大局，益不可收拾矣。

《别传》第五章

牧斋平生所赋长篇五言排律如《有美诗》《哭稼轩留守相公》及此诗等，皆极意经营之作，而此篇中以蒙古比建州，所用典故如"诈马""只孙""怯薛"等，岂俭腹之妄庸巨子自称不读唐以后书者所能办。

《别传》第五章

……此叠八首，不独限于个人儿女离别之私情，亦关民族兴亡之大计。吾人至今读之，犹有余恸焉。《投笔集》诸诗摹拟少陵，入其堂奥，自不待言。且此集牧斋诸诗中颇多军国之关键，为其所身预者，与少陵之诗仅为得诸远道传闻及追忆故国平居者有异。故就此点而论，《投笔》一集实为明清之诗史，较杜陵尤胜一筹，乃三百年来之绝大著作也。

《别传》第五章

寅恪尝论河东君之作品，应推此诗（按：《次韵奉答》）及《金明池·咏寒柳》词为明末最佳之诗词。当日胜流均不敢与抗手……

《别传》第四章

自述与回忆

◎观世与处世

天下之致［至］赜者莫过于人事，疑若不可以前知。然人事有初中后三际（借用摩尼教语），犹物状有线面体诸形。其演嬗先后之间，即不为确定之因果，亦必生相互之关系。故以观空者而观时，天下人事之变，遂无一不为当然而非偶然。既为当然，则因有可以前知之理也。此诗之作，在旧朝德宗景皇帝庚子辛丑之岁，盖今日神州之世局，三十年前已成定而不可移易。当时中智之士莫不惴惴然睹大祸之将届，况先生为一代儒林宗硕，湛思而通识之人，值其气机触会，探演微隐以示来者，宜所言多中，复何奇之有焉！

尝与平伯言："吾徒今日处身于不夷不惠之间，托命于非驴非马之国，其所遭遇，在此诗第二第六首之间，至第七首所言，则邈不可期，未能留命以相待，亦姑诵之玩之，譬诸遥望海上神山，虽不可即，但知来日尚有此一境者，未始不可以少纾忧生之念。然而其用心苦矣。"

《俞曲园先生病中呓语跋》,《寒柳》

自戊戌政变后十余年,而中国始开国会,其纷乱妄谬,为天下指笑,新会所尝目睹,亦助当政者发令而解散之矣。自新会殁,又十余年,中日战起。九县三精,飙回雾塞,而所谓民主政治之论,复甚嚣尘上。余少喜临川新法之新,而老同涑水迂叟之迂。盖验以人心之厚薄,民生之荣悴,则知五十年来,如车轮之逆转,似有合于所谓退化论之说者。是以论学论治,迥异时流,而迫于事势,噤不得发。因读此传,略书数语,付稚女美延藏之。美延当知乃翁此时悲往事,思来者,其忧伤苦痛,不仅如陆务观所云,以元祐党家话贞元朝士之感已也。

《读吴其昌撰梁启超传书后》,《寒柳》

孔子尝为委吏乘田,而其事均治,抱关击柝者流,孟子亦盛称之。又如顾亭林,生平极善经商,以致富。凡此皆谋生之正道。我侪虽事学问,而决不可倚学问以谋生,道德尤不济饥寒。要当于学问道德以外,另求谋生之地。经商最妙,Honest means of living(按:谋生之正道)。若作官以及作教员等,决不能用我所学,只能随人敷衍,自侪于高等流氓,误己误人，问心不安。

吴宓日记 1919 年 9 月 8 日

◎著述与准备

……寅恪童时读庾信《哀江南赋序》云……深有感于其言。后稍长偶读宋贤《涑水记闻》及《老学庵笔记》二书，遂欲取为模楷，从事著述。

《寒柳堂记梦未定稿》，《寒柳》

弟居清华两年之经验，则教书与著书，两者殊难并行……至于所授之课，如自己十分有把握者，则重说一番，如演放留声机器，甚觉无兴趣；如新发现之材料，则尚多阙疑之处，对人高谈阔论，亦于心不安。且须片段预备功夫，无专治一事一气呵成之乐。

1929 年 6 月 21 日致傅斯年、罗家伦函，《五四飞鸿》

弟廿年来所拟著述而未成之稿，悉在安南遗失。中有《蒙古源流注》，系依据其蒙满文诸本，并参稽其所出之西藏原书《四库提要》所谓"咖喇卜经"等者，考订其得失。与沈乙庵书大异。后闻伯希和在库伦获《元秘史》元本，故欲俟其刊布，再有所增删。用力虽勤而原书价值颇不高，今稿既失去，亦不复谈论此事矣。

又有《世说新书［语］注》，主旨在考释魏晋清谈及纠补刘注之疏失。

又有《五代史记注》，其体裁与彭、刘旧注不同，宗趣亦别，意在考释永叔议论之根据，北宋思想史之一片断也。

又凡佛教经典之存于梵文者，与藏译及中译合校，凡译匠之得失，元本之为何（今梵本亦非尽善本，有不及译本所依据者。又其所据之本，亦有与今不同者。其异同得失，皆略能窥知）列于校记。今虽失去，将来必有为之者。又钢和泰逝后，弟复苦其繁琐，亦不敢涉及此事。但有巴利文《长老尼诗偈》一部，中文无全译本，间散见于《阿含经》。钢君不甚精巴利文，在北平时未与详校。弟前居柏林时，从德名家受读，颇喜妇人入道之时［诗？］，哀而不怨，深契《诗经》之旨。然俱是西历纪元前作品，尤为可贵。欲集中文旧译并补译及解释其诗，亦俱失去。

所余者仅不经意之石印《旧唐书》及《通典》二种，置于别筐［篋？］，故幸存。于书眉之上，略有批注。前岁在昆明，即依《通典》批注，草成《隋唐制度渊源论》，已付商务书馆刊印。……去岁居港，又取《旧唐书》上之批注，草成《唐代政治史》一书。此次冒险携出，急欲写清付印。盖中年精力殚竭，绝无成效，所余不经意之剩余一种，若复不及身写成（弟字太潦草，非亲写不可），则后悔莫及。敝帚自珍，固未免可笑。而文字结习与生俱来，必欲于未死之前稍留一二痕迹以自作纪念者也……

（按：此信收入三联初版多讹字，今据 2015 年三版录文。）

1942 年 9 月 23 日致刘永济函，《书信集》

（附）

……去年安南华侨彭禹铭君来，言其家住西贡，曾在海防搜买旧书，得到弟当年遗失之《新五代史》批注本两册。现因不能寄出，故尚在其家。弟当日取欧史与《六一居士集》及《续资治通鉴长编》互勘，李书未注，卷帙又繁，故未随身携带。《六一居士集》及《集古录》，乃用万有文库小本，所注颇多。彭君未收到此书。……当日两书箱中中文及古代东方文书籍及拓本、照片几全部丧失。

1955 年 6 月 1 日致蒋天枢函，《书信集》

旧草《名教自然同异考》，其文甚繁，兹不备引，惟取袁宏《后汉纪》一书之论文关于名教自然相同之说，移写数节于下以见例……

《陶渊明之思想与清谈之关系》，《初编》

记得先生初抵成都时，曾提及《元史》一书之事。先生这样说过："二三十年代中，我刚从国外回国，专心致志于元史，用力最勤。我的《元史》一书，并不是一部很好板本的书。我读过好几遍，每有一点心得，就批于书眉，蝇头细楷，密密麻麻，丹铅殆遍。可惜卢沟桥事变起，我携之南迁。谁知批过好几遍的这部书，托运至重庆附近时，竟毁于兵荒马乱、炮火空炸之中。我今老矣，无暇重温旧业，只好期诸后贤了！"先生言此，犹有余痛。

王锺翰《陈寅恪先生杂忆》，《追忆》

师又拟为满州［洲］《艺文志》。此亦《清史》之一重要部分，师固深于蒙藏文者。

陈守实《记梁启超、陈寅恪诸师事》，《追忆》

寅恪自惟学识本至浅陋，年来复遭际艰危，仓皇转徙，往日读史笔记及鸠集之资料等悉已散失，然今以随顺世缘故，不能不有所撰述，乃勉强于忧患疾病之中，姑就一时理解记忆之所及，草率写成此书。命之曰稿者，所以见不敢视为定本及不得已而著书之意云尔。

《隋唐》八

寅恪先生在堂上说过的话，还有几句记忆犹新："我作的三本书：《略论稿》《述论稿》《笺证稿》，都叫稿，就是准备以后还要改。"对自己的精神产品，精益求精，按严格的意义并未"打上句号"。

蔡鸿生《"颂红妆"颂》,《追忆》

至旧稿须补正之处颇多，新添之意见及材料亦非自己动手不能满意。若旧稿未及整理而盖棺之期已到，则只好听诸后人而已。总之，卖驴之券倚马之文，固非烛武之才师丹之岁所敢效法者。

1962 年 3 月 30 日致中华局上海编辑所函，
高克勤《〈陈寅恪文集〉出版述略》

寅恪讲授清华，适课唐史，亦诠次旧籍，写成短篇。其所徵引，不出习见之书。……极知浅陋简略，无当于著述之旨。然此文本意，仅在备讲堂之遗忘，资同学之商榷。间有臆测之说，固未可信为定论，尤不敢自矜有所创获。傥承博洽君子，不以为不可教诲而教诲之，实所深幸焉！

《李唐氏族之推测》,《二编》

因弟"十年所作，一字无存"。并非欲留以传世，实因授课时无旧作，而所批注之书籍又已失散，故感觉不便也。

1939 年 2 月 9 日致傅斯年函，《书信集》

又兄去年借与弟所作《集刊》（按：《历史语言研究所集刊》）中论文数种，现尚需用，不能奉还。又，府兵制一文已在其上改写，加入弟近作文中，俟将来再奉还单行本。实则此种随顺世缘应酬之作，弟本人尚不欲敝帚自珍，想兄更无所惜也。

1940 年 6 月 8 日致陈述函，《书信集》

弟平生述作皆出于不得〔已〕，故自己不留稿，亦不欲他人留之。此非谦词，乃是实话。所谓需用者，亦不过欲借之略加修改，以供应酬耳，并非真著书也。

1940 年 6 月 13 日致陈述函，《书信集》

……像寅恪师这样伟大的学人常常对他的学生说："我从不珍视我写的论文。"其实他写的论文才是真正值得世人珍视呢！

许世瑛《敬悼陈寅恪老师》，《追忆》

《论再生缘》一文乃颓龄戏笔，疏误可笑。然传播中外，议论纷纭。因而发见新材料，有为前所未知者，自应补正。兹辑为一编，附载简末，亦可别行。至于原文，悉仍其旧，不复改易，盖以存著作之初旨也。

《论再生缘》校补记后序，《寒柳》

一日寅恪偶在外家检读藏书，获睹钱遵王曾所注牧斋诗集，大好之，遂匆匆读诵一过，然实未能详绎也。是后钱氏遗著尽出，虽几悉读之，然游学四方，其研治范围与中国文学无甚关系，故虽曾读之，亦未深有所赏会也。丁丑岁卢沟桥变起，随校南迁昆明，大病几死。稍愈之后，披览报纸广告，见有鬻旧书者，驱车往观。鬻书主人出所藏书，实皆劣陋之本，无一可购者。当时主人接待殷勤，殊难酬其意，乃询之曰：此诸书外，尚有他物欲售否？主人踌躇良久，应曰：曩岁旅居常熟白茆港钱氏旧园，拾得园中红豆树所结子一粒，常以自随。今尚在囊中，愿以此豆奉赠。寅恪闻之大喜，遂付重值，借塞其望。自得此豆后，至今岁忽忽二十年，虽藏置箧笥，亦若存若亡，不复省视。然自此遂重读钱集，不仅借以温旧梦，寄遐思，亦欲自验所学之深浅也。盖牧斋博通文史，旁涉梵夹道藏，寅恪平生才识学问固远不逮昔贤，而研治领域，则有约略近似之处。岂意匪独牧翁之高文雅什，多不得其解，即河东君之清词丽句，亦有瞠目结舌，不知所云者。始知禀鲁钝之资，挟鄙陋之学，而欲尚论女侠名姝文宗国士于三百年之前，诚太不自量矣。虽然，披寻钱柳之篇什于残阙毁禁之余，往往窥见其孤怀遗恨，有可以令人感泣不能自已者焉。夫三户亡秦之志，九章哀郢之辞，即发自当日之士大夫，犹应珍惜引申，以表彰我民族独立之精神，自由之思想。何况出于婉娈倚门之少女，绸缪鼓瑟之小妇，而又为当时迂腐者所深诋，后世轻薄者所厚诬之人哉！牧斋事迹具载明清两朝国史及私家著述，固有阙误，然尚多可考。至于河东君本末，则不仅散在明清间人著述，以列入乾隆朝违碍书目中之故，多已亡佚不可得见。即诸家诗文笔记之有关河东君，而不在禁毁书籍之内者，亦大抵简略错误，剿袭雷同。纵使出于同时作者，亦多有意讳饰诋诬，更加以后代人无知之虚妄揣测，故世所传河东君之事迹，多非真实，殊有待发之覆。……寅恪以衰废余年，钩索沉隐，延历岁时，久未能就，观下列诸诗，可以见暮齿著书之难有如此者。斯乃效《再生缘》之例，非仿《花月痕》之体也。

《别传》第一章

（附）

　　寅恪昔岁旅居昆明，偶因购得常熟白茆港旧日钱氏山庄之红豆一粒，遂发愿释证钱柳因缘诗。前于第一章已述之。所可怪者，购得此豆之同时，有客持其新得湘乡袭侯曾劼刚纪泽手札一纸相示，其书乃致当日某知县者。内容略谓，顷有名流数人来言，县中有驱逐流妓之令，欲托代为缓颊云云。……今属笔至此，忽忆及之，以情事颇相类似，故附记于此，以博读者一笑。

《别传》第四章

　　红豆虽生南国，其开花之距离与气候有关。寅恪昔年教学桂林良丰广西大学，宿舍适在红豆树下。其开花之距离为七年，而所结之实，较第一章所言摘诸常熟红豆庄者略小。今此虞山白茆港钱氏故园中之红豆犹存旧箧，虽不足为植物分类学之标本，亦可视为文学上之珍品也。

《别传》第五章

　　寅恪壮不如人，老更健忘，复以闭门造车之学不希强合于当世。近数年来仅为诸生讲释唐诗，聊用此糊口。所研者大抵为明清间人诗词及地方志乘之书，而旧时所授之课，即尊著所论之范围，其材料日益疏远，故恐详绎大著之后，亦止有叹赏而不能有所质疑承教也。

1955 年 9 月 19 日致唐长孺函，《书信集》

弟近年仍从事著述，然已捐弃故技，用新方法，新材料，为一游戏试验（明清间诗词，及方志笔记等）。固不同于乾嘉考据之旧规，亦更非太史公冲虚真人之新说。

1957 年 2 月 6 日致刘铭恕函，《书信集》

寅恪释证钱柳之诗，于时地人三者考之较详，盖所以补遵王原注之缺也。但今上距钱柳作诗时已三百年，典籍多已禁毁亡佚，虽欲详究，恐终多讹脱。若又不及今日为之，则后来之难，或有更甚于今日者，此寅恪所以明知此类著作之不能完善，而不得不仍勉力为之也。

《别传》第一章

此诗取材博奥，非俭腹小生，翻检类书，寻求故实者，所能尽解，自不待言。所最难通者，即此诗作者本人及为此诗而作之人，两方复杂针对之心理，并崇祯十三年仲冬至次年孟春三数月间，两人行事曲折之经过，推寻冥想于三百年史籍残毁之后，谓可悉得其真相，不少差误，则烛武壮不如人，师丹老而健忘，诚哉！仆病未能也。……所注意之处，则在钱柳二人当日之行踪所至及用意所在。搜取材料，反复推寻，钩沉索隐，发见真相。然究竟能否达到释证此诗目的十分之一二，则殊不敢自信，深愿当世博识通人，有以垂教之也。

《别传》第四章

……斯则牧斋诡托之辞，非其实情也。至若同时诸人之记载，以门户恩怨之故，所言亦未可尽据以定是非。今就能见及之资料，互相参校，求一最可能之真实，然殊不敢自信也。

《别传》第五章

呜呼！卧子与河东君之关系，其时间，其地点，既如上所考定。明显确实，无可致疑矣。虽不敢谓有同于汉廷老吏之断狱，然亦可谓发三百年未发之覆。一旦拨云雾而见青天，诚一大快事。

《别传》第三章

……细述其对柳如是研究之大纲，柳心爱陈子龙，即其嫁牧翁，亦终不离其民族气节之立场，赞助光复之活动，不仅其才之高、学之博，足以压倒时辈也。……总之，寅恪之研究"红妆"之身世与著作，盖借此以察出当时政治（夷夏）、道德（气节）之真实情况，盖有深意存焉，绝非消闲、风流之行事……

吴宓日记1961年9月1日

又拙著（按：指《柳如是别传》初稿）中故意杂用名、字、别号。人名如钱谦益、受之、牧斋、东涧、聚沙居士等。地名有时用虞山，有时用常熟等，前后不同，以免重复，且可增加文字之美观。

1962 年 5 月 14 日致中华书局上海编辑所函，
高克勤《〈陈寅恪文集〉出版述略》

陈师的考证极精，但又绝非烦琐考证，所考问题，都是小中见大，牵涉到重大社会、文化、政治、经济方面的问题。陈师常说，他最欣赏法国学者写文章的风格，证据够用了，就不多举了，不多啰嗦。英国人的文章也不错。他最厌烦繁复冗长、堆砌材料的文章。陈师掌握的史料虽极丰富，但为文绝不广征博引以自炫，而只引用最必要的材料，因此行文十分简洁。

石泉、李涵《追忆先师寅恪先生》,《追忆》

◎侧重与旁通

在讲寅恪先生治国学以前，我们先要了解他研究国学的重点及目的。他研究的重点是历史。目的是在历史中寻求历史的教训。他常说："在史中求史识。"因是中国历代兴亡的原因，中国与边疆民族的关系，历代典章制度的嬗变，社会风俗、国计民生，与一般经济变动的互为因果，及中国的文化能存在这么久远，原因何在？这些都是他研究的题目。此外，对于所谓玄学，寅恪先生的兴趣则甚为淡薄。

> 俞大维《怀念陈寅恪先生》，《追忆》

寅恪频岁衰病，于塞外之史，殊族之文，久不敢有所论述。

> 《陈述辽史补注序》，《二编》

（附）

寅于此问题素无研究，读尊著，尤佩搜采之广博也。寅前书所言赭羯及《禄山事迹》（按：《安禄山事迹》）中卷，禄山东制河朔一条，殊无价值，亦蒙采及，曷胜惶悚。可否将贱名标出，盖非欲附骥，实以今日著作体例应如是也。

> 1937 年 3 月 21 日致陈述函，《书信集》

寅恪平生治学，不甘逐队随人，而为牛后。年来自审所知，实限于禹域以内，故仅守老氏损之又损之义，捐弃故技。凡塞表殊族之史事，不复敢上下议论于其间。转思处身局外，如楚得臣所谓冯轼而观士戏者。……而寅恪今虽如退院老僧，已不躬预击鼓撞钟，高唱伽陀之盛集……龚自珍诗云："但开风气不为师。"寅恪之于西北史地之学，适同瑟人之所志，因举其句，为朱君诵之。兼借以告并世友朋之欲知近日鄙状者。

《朱延丰突厥通考序》，《寒柳》

大作读讫，敬佩敬佩。寅恪近年于外族语言之学，久久（？）弃置，何况此为新发见之材料，自更不能通解。今获读新著，尤增惭恧，景仰之甚也。

1934 年 5 月 22 日致厉鼎煃函，
刘凤翥《跋孟森和陈寅恪给厉鼎煃的信》

大著拜读，敬佩之至。寅于西南民族语言无所通解，承询各节愧无以对，甚歉甚歉。丁君（按：丁文江）只搜集材料，经先生加以考订，遂于此学增一阶级之进步，真可喜也。近日友人王君（按：王静如）归自欧，渠本治西夏语文者，最近于契丹女真文亦有所论说。寅数年以来苦于精力之不及，"改行"已久，故不能详其所诣，然与之谈及亦忻羡不已。今又读大作，尤幸我国学术之日进而惭恨无力以追随也。

1936 年 10 月 11 日致闻宥函，《书信集》

大著匆匆披读，甚佩。弟于蒙古史今已不敢妄有所论，故附呈姚、邵两君意见，或可供参考，即乞详悉考虑，以定去取是幸。

1940 年 6 月 8 日致陈述函，《书信集》

耶律楚材纪念，似宜请陈援庵先生及邵循正、姚从吾先生作文，弟于蒙古史事，今不敢妄谈矣。

1943 年 1 月 6 日致方豪函，《书信集》

寅恪昔年略治佛道二家之学，然于道教仅取以供史事之补证，于佛教亦止比较原文与诸译本字句之异同，至其微言大义之所在，则未能言之也。后读许地山先生所著佛道二教史论文，关于教义本体俱有精深之评述，心服之余，弥用自愧，遂捐弃故技，不敢复谈此事矣。

《论许地山先生宗教史之学》，《二编》

又此第三解答之意旨实启自段（段玉裁《六书音均表·古四声说》子注）、王（王国维《观堂集林》八《五声说》）。今更借喻同光旧说，重为引申。至王氏以阴阳平上去入为三代秦汉间之五声，其言之当否，别是一事，可置不论。此解答所窃取者，止段、王同主之一谊，即"四声之说

专主属文"而已。斯谊而是也，固不敢掠美于前修；斯谊而
非也，则愿俟知音之新解。

《四声三问》，《初编》

古今论四声者多矣。寅恪于考古审音二事皆未尝致力，
故不敢妄说。……凡所讨论，大抵属于中古文化史常识之范
围，其牵涉音韵学专门性质者，则谨守"不知为不知"之古
训，概不阑入，借以藏拙云尔。

《四声三问》，《初编》

陆法言之《切韵》，古今中外学人论之者众矣。寅恪于
音韵之学，无所通解，故不敢妄说。……凡所讨论，大抵皆
属于史实之范围，至关于音韵学之专门性质者，则少涉及。
此非唯谨守"不知为不知"之古训，亦借以藏拙云尔。

《从史实论切韵》，《初编》

中古华夏民族曾杂有一部分之西胡血统，近世学人考
证之者，颇亦翔实矣。寅恪则疑吾国中古医书中有所谓腋气
之病，即狐臭者，其得名之由，或与此端有关，但平生于生
理医药之学绝无通解，故不敢妄说，仅就吾国古来腋气之异
称，及旧籍所载有腋气之人，其家世种族两点，略举事例，

聊供谈助而已，尚希读者勿因此误会以为有所考定。幸甚幸甚！

　　　　　　　　　　　　　　　　　　《狐臭与胡臭》,《寒柳》

　　兹就牧斋诗中关涉此时期河东君之疾病者，移写于后……略加证释，以供论文者之参究。至若详悉稽考，则寅恪非治带下医学史之专家，故不敢多所妄言也。

　　　　　　　　　　　　　　　　　　　　《别传》第四章

（附）

　　吾家素寒贱，先祖始入邑庠，故寅恪非姚逃虚所谓读书种子者。先曾祖以医术知名于乡村间，先祖先君遂亦通医学，为人疗病。寅恪少时亦尝浏览吾国医学古籍，知中医之理论方药，颇有由外域传入者。然不信中医，以为中医有见效之药，无可通之理。若格于时代及地区，不得已而用之，则可。若矜夸以为国粹，驾于外国医学之上，则昧于吾国医学之历史，殆可谓数典忘祖欤？……寅恪自是始知有本草之书，时先母多卧疾，案头常置《本草纲目》节本一部，取便翻阅。……是后见有旧刻医药诸书，皆略加披阅，但一知半解，不以此等书中所言者为人处方治病，唯借作考证古史之资料，如论《胡臭与狐臭》一文，即是其例也。

　　　　　　　　　　　　　　　　《寒柳堂记梦未定稿》,《寒柳》

　　盖吾国古代本草中之人参，当为今之党参，即前述王介甫不肯服用之紫团参。后起外来之东北参甚为世所珍重，遂专攘昔时人参之旧称，而以上党郡之名属之土货。……可知人参在明季非仅限于药物之性质，亦可视为货币之代用品矣。……寅恪非中医，且无王夫人"卖油的娘子水梳头"之感叹，故于人参之功效，不敢妄置一辞。但就此区区药物，其名实之移转，价格之升降言，亦可以通知古今世变矣。

《别传》第四章

　　又贵同乡梁君（按：梁嘉彬）作《十三行考》，来书嘱弟作序。弟固［因？］对此事素无研究，不敢任意敷衍成文，便中乞转致鄙意，求其原谅。

1933 年 1 月 1 日致罗香林函，《书信集》

　　奉赠董彦老（按：董作宾）书一部，收到否？乞代问。（乃胡厚宣近日新印者，弟未敢作序，以致有目无书。此事原委，自［闻］在宥想已告彦老矣。）（重印按："奉赠董彦老书"应指赠书予董氏，即胡厚宣著《甲骨学商史论丛初集》。"自在宥"之"自"，乃草书"闻"之误释，闻在宥即闻宥，原标点亦误，今并改。）

1944 年 8 月 10 日致陈槃函，《书信集》

◎买书与读书

寅恪追忆旧朝光绪己亥之岁旅居南昌，随先君夜访书肆，购得尚存牧斋序文之《梅村集》。是后遂习诵《圆圆曲》，已历六十余载之久，犹未敢自信能通解其旨趣。可知读书之难若此。际今以废疾之颓龄，既如仲公之健忘，而欲效务观之老学，日暮途远，将何所成，可伤也已。

《别传》第四章

寅恪少读乐天此诗，遍检佛藏，不见所谓《心王头陀经》者，颇以为恨。近岁始见伦敦博物院藏斯坦因号二四七四，《佛为心王菩萨说投陀经》卷上，五阴山室寺惠辨禅师注残本，乃一至浅俗之书，为中土所伪造者。……夫元白二公自许禅梵之学，叮咛反复于此二经。今日得见此二书，其浅陋鄙俚如此，则二公之佛学造诣，可以推知矣。

《艳诗及悼亡诗》，《元白》

因我现必需之书甚多，总价约万金。最要者即西藏文正续《藏》两部，及日本印中文正续《大藏》，其他零星字典及西洋类书百种而已。若不得之，则不能求学，我之久在外国，一半因外国图书馆藏有此项书籍，一归中国，非但不能再研究，并将初着手之学亦弃之矣。我现甚欲筹得一宗巨款购书，购就即归国。此款此时何能得，只可空想，岂不可怜。我前年在美洲写一信与甘肃宁夏道尹，托其购藏文《大藏》一部，此信不知能达否。即能达，所费太多，渠知我穷，不付现钱，亦不肯代垫也。……我所注意者有二：一历史（唐史、西夏），西藏即吐蕃，藏文之关系不待言。一佛教，大乘经典，印度极少，新疆出土者亦零碎。及小乘律之类，与佛教史有关者多。中国所译，又颇难解。……旧藏文既一时不能得，中国《大藏》，吾颇不欲失此机会，惟无可如何耳。又蒙古满洲回文书，我皆欲得。

《与妹书》，《二编》

……访陈寅恪，并晤钱稻孙。谈中西之淫书，如《性史》等。寅恪出示《三山秘记》。

吴宓日记 1928 年 3 月 19 日

辛巳冬无意中于书肆廉价买得此书。不数日而世界大战起，于万国兵戈饥寒疾病之中，以此书消日，遂匆匆读一过。昔日家藏殿本及学校所藏之本，虽远胜于此本之讹脱，然当时读此书犹是太平之世，故不及今日读此之亲切有味也。

《坊本建炎以来系年要录跋》，《杂稿》

寅恪侨寓香港，值太平洋之战，扶疾入国，归正首丘。……回忆前在绝岛，苍黄逃死之际，取一巾箱坊本《建炎以来系年要录》，抱持诵读。其汴京围困屈降诸卷，所述人事利害之回环，国论是非之纷错，殆极世态诡变之至奇。然其中颇复有不甚可解者，乃取当日身历目睹之事，以相印证，则忽豁然心通意会。平生读史凡四十年，从无似此亲切有味之快感，而死亡饥饿之苦，遂亦置诸度量之外矣。

《陈述辽史补注序》，《二编》

闻陈寅恪先生日内抵美，见面时请代致意。忆一九四一年在港晤寅恪先生，伊形容无书之苦云："日入禅宗，讲宋元理学，作桐城文章！"

王重民1946年4月12日致胡适函，《胡适来往书信选》

奉九月廿七日手书，知将有西北之行（按：指访问延安）。……此行虽无陆贾之功，亦无郦生之能，可视为多九公林之洋海外之游耳。闻彼处有新刊中国史数种，希为弟致之，或竟向林（按：林伯渠）、范（按：范文澜）诸人索取可乎？"求之与抑与之与"，纵有误读，亦有邢子才"误书思之，亦是一适"之妙也。

1944年10月3日致傅斯年函，《书信集》

陈寅恪先生一九一二年第一次由欧洲回国，往见他父亲（散原老人）的老友夏曾佑先生。曾佑先生对他说："你是我老友之子。我很高兴你懂得很多种文字，有很多书可看。我只能看中国书，但可惜都看完了，现已无书可看了。"寅恪告别出来，心想此老真是荒唐。中国书籍浩如烟海，哪能都看完了。寅恪七十岁左右（按：卞僧慧疑当为"六十岁左右"），我又见到他。他说："现在我老了，也与夏先生同感。中国书虽多，不过基本几十种而已，其他不过翻来覆去，东抄西抄。"我很懊悔当时没有问他到底是哪几十种书。

俞大维《给女作家陈荔荔的一封信》，《年谱长编》
（文字据台北《中央日报》1984 年 1 月 25 日原文订正）

◎家世与维新变法

夫戊戌政变已大书深刻于旧朝晚季之史乘，其一时之成败是非，天下后世，自有公论，兹不必言。惟先生至长沙主讲时务学堂之始末，则关系先世之旧闻，不得不补叙于此，并明当时之言变法者，盖有不同之二源，未可混一论之也。咸丰之世，先祖亦应进士举，居京师。亲见圆明园干霄之火，痛哭南归。其后治军治民，益知中国旧法之不可不变。

后交湘阴郭筠仙侍郎嵩焘，极相倾服，许为孤忠闳识。先君亦从郭公论文论学，而郭公者，亦颂美西法，当时士大夫目为汉奸国贼，群欲得杀之而甘心者也。至南海康先生治今文公羊之学，附会孔子改制以言变法。其与历验世务欲借镜西国以变神州旧法者，本自不同。故先祖先君见义乌朱鼎甫先生一新《无邪堂答问》驳斥南海公羊春秋之说，深以为然。据是可知余家之主变法，其思想源流之所在矣。

《读吴其昌撰梁启超传书后》，《寒柳》

范肯堂撰先祖墓志铭，谓先祖喜康有为之才，而不喜其学也。康南海挽先祖诗云"公笑吾经学，公羊同卖饼"者，可证也。今日平心论之，井研廖季平（平）及南海初期著述尚能正确说明西汉之今文学。但后来廖氏附会《周礼》占梦之语；南海应用《华严经》中，古代天竺人之宇宙观，支离怪诞，可谓"神游太虚境"矣。至若张南皮《劝学篇》痛斥公羊之学，为（重印按：疑应作"惟"）有取于孔广森之《公羊通义》。其实挢约（按：孔广森）为姚鼐弟子，转工骈文，乃其特长。而《公羊通义》实亦俗书，殊不足道。清代今文公羊学者唯皮锡瑞之著述最善，他家莫及也。

《寒柳堂记梦未定稿（补）》，《寒柳》

综合上列资料，先祖关于戊戌政变始末，可以概见矣。盖先祖以为中国之大，非一时能悉改变，故欲先以湘省为全国之模楷，至若全国改革，则必以中央政府为领导。当时中央政权实属于那拉后，如那拉后不欲变更旧制，光绪帝既无权力，更激起母子间之冲突，大局遂不可收拾矣。那拉后所信任者为荣禄，荣禄素重先祖，又闻曾保举先君。……先祖之意欲通过荣禄，劝引那拉后亦赞成改革，故推夙行西制而为那拉后所喜之张南皮入军机。

《寒柳堂记梦未定稿》，《寒柳》

◎生平杂忆

援老（按：陈垣）所言，殆以丰沛耆老、南阳近亲目公，其意甚厚。弟生于长沙通泰街周达武故宅，其地风水亦不恶，惜艺耘（按：当作励耘）主人未知之耳，一笑。

1953 年 1 月 2 日致杨树达函，《书信集》

新会先生居长沙时，余随宦巡署，时方童稚，懵无知识。后游学归国，而先君晚岁多病，未敢以旧事为问。丁丑春，余偶游故宫博物院，见清德宗所阅旧书中，有《时务学堂章程》（按：当指《时务学堂功课详细章程》）一册，上有烛烬及油污之迹，盖崇陵乙夜披览之余所遗留者也。归寓举以奉告先君，先君因言聘新会至长沙主讲时务学堂本末。……

《读吴其昌撰梁启超传书后》，《寒柳》

今无此风，然足徵当时僧徒之衣蚕衣者众。予昔年于长沙见一僧，衣红绸袈裟，云祝慈禧太后六十寿唪经时御赐者。

《札记三》高僧传二集之部

清光绪之季年，寅恪家居白下，一日偶检架上旧书，见有易堂九子集（按：当指《易堂九子文钞》），取而读之，不甚喜其文，唯深羡其事。以为魏、丘诸子值明清嬗蜕之际，犹能兄弟戚友保聚一地，相与从容讲文论学于乾撼坤岌之际，不谓为天下之至乐大幸，不可也。当读是集时，朝野尚称苟安，寅恪独怀辛有索靖之忧，果未及十稔，神州沸腾，寰宇纷扰。

（按："魏丘"之"丘"即"邱"，当指易堂九子中魏祥、魏禧、魏礼三兄弟的姊夫邱维屏。盖陈氏强调"兄弟戚友保聚一地"之意，故举两姓作为"九子"的代表。）

《赠蒋秉南序》，《寒柳》

寅恪少时家居江宁头条巷。是时海内尚称乂安，而识者知其将变。寅恪虽年在童幼，然亦有所感触，因欲纵观所未见之书，以释幽忧之思。伯舅山阴俞觚斋先生明震同寓头条巷。两家衡宇相望，往来便近。俞先生藏书不富，而颇有精本。如四十年前有正书局石印戚蓼生钞八十回《石头记》，其原本即先生官翰林日，以三十金得之于京师海王村书肆者也。

《别传》第一章

再如我幼年从《缙绅》（按：《缙绅录》）中经常看到清王朝高级大臣的大串官衔里面有"赏穿黄马褂""紫禁城骑马"之类的荣誉。陈先生讲课时顺口说到"紫禁城骑马"并非真正让大臣在紫禁城里骑马，而是赏给他一根马鞭子以示恩宠，受赐者也看做是殊荣。他幼时在南京时，有一次张之洞到他家里来，手里拿一条不到二尺长的小鞭子，得意地用它指指划划，连坐下来谈话都不离手，他感到很奇怪去问人，家里的长辈向他解释那就是"紫禁城骑马"。

艾天秩《忆先师陈寅恪先生》，《校友文稿资料选编》第四辑

寅恪幼时读《中庸》至"衣锦尚絅，恶其文之著也"一节，即铭刻于胸臆。父执姻亲多为当时胜流，但不敢冒昧谒见。偶以机缘，得接其丰采，聆其言论，默而识之，但终有限度。今日追思，殊可惜矣。

《寒柳堂记梦未定稿》，《寒柳》

乙酉冬夜卧病英伦医院，听人读熊式一君著英文小说名《天桥》者，中述光绪戊戌李提摩太上书事。忆壬寅春随先兄师曾等东游日本，遇李教士于上海，教士作华语曰："君等世家子弟，能东游，甚善。"故诗中及之，非敢以乌衣故事自况也。

1945 年诗题，《诗集》

陈师有一次谈到共产主义和共产党时说："其实我并不怕共产主义，也不怕共产党，我只是怕俄国人。辛亥革命那年，我正在瑞士。从外国报上看到这个消息后，我立刻就去图书馆借阅《资本论》。因为要谈革命，最要注意的还是马克思和共产主义，这在欧洲是很明显的。我去过世界许多国，欧美、日本都去过，唯独未去过俄国，只在欧美见过流亡的俄国人，还从书上看到不少描述俄国沙皇警探的，他们很厉害，很残暴，我觉得很可怕。"

石泉、李涵《追忆先师寅恪先生》，《追忆》

途中在 Metz 下车，久屈曲于法兰西龌龊之地，忽至此，精神为之一振。在威廉一世纪念碑下一望，表里山河历历在目，美丽雄壮兼而有之，胜于 Strassburg 之 Orangerie 固不待言，即柏林亦无此佳境也。法人至此，真有中国人到香港、台湾之感。公他日若有南欧之游，此地万不可不到，寅乃亦不意此地如此之妙，大下事难知，尽此类耳！

（按：据张伟文，Metz 即梅斯，Strassburg 即斯特拉斯堡，Orangerie 今译橘园。）

1911 年 10 月 8 日致李㧑函，张伟《陈寅恪的那一声感慨》

癸卯春，病中闻有人观巴黎茶花女连环图画，因忆予年二十三旅居巴黎，曾访茶花女墓，戏赋一诗。今遗忘大半，遂补成之。光绪中，林纾（原名群玉）仿唐人小说体译小仲马《巴黎茶花女遗事》，其文凄丽，为世所重。后有玉情瑶怨馆本，镌刻甚精，盖出茶陵谭氏兄弟也。

1963 年佚诗诗题，《编年事辑》

陈君述其在法、意两国之经历。其最足骇人者，如巴黎之裸体美人戏园。秘室之中，云雨之事，任人观览。甚至男与男交，女与女交，人与犬交，穷形尽相。每观一次，需钱凡三佛郎。陈君谓：到此地步，如身游地狱，魔鬼呈形。只觉其可惨可骇，而不见其可乐。盖欧洲风俗之恶，以法、意等国为最甚。

吴宓日记 1919 年 3 月 27 日

忆洪宪称帝之日，余适旅居旧都，其时颂美袁氏功德者，极丑怪之奇观。深感廉耻道尽，至为痛心。至如国体之为君主抑或民主，则尚为其次者。

《读吴其昌撰梁启超传书后》,《寒柳》

月旦人物，有时比评极为确当者。陈君谓（一）谭延闿似柴进。（二）人以袁比曹操，而宋教仁则自命诸葛。

吴宓日记 1919 年 3 月 26 日

寅恪少时，自揣能力薄弱，复体孱多病，深恐累及他人，故游学东西，年至壮岁，尚未婚娶。先君先母虽累加催促，然未敢承命也。后来由德还国，应清华大学之聘。其时先母已逝世。先君厉声曰："尔若不娶，吾即代尔聘定。"寅恪乃请稍缓。先君许之。乃至清华，同事中偶语及：见一女教师壁悬一诗幅，末署"南注生"。寅恪惊曰："此人必灌阳唐公景崧之孙女也。"盖寅恪曾读唐公《请缨日记》。又亲友当马关中日和约割台湾于日本时，多在台佐唐公独立，故其家世，知之尤谂。因冒昧造访。未几，遂定偕老之约。

《寒柳堂记梦未定稿（补）》，《寒柳》

（附）

昨归自清华，读赐题唐公（按：唐景崧）墨迹诗，感谢，感谢。以四十春悠久之岁月，至今日仅赢得一"不抵抗"主义。诵尊作既竟，不知涕泗之何从也。

1931 年 9 月 23 日致胡适函，《书信集》

戊辰之春，俞铭衡君（按：俞平伯）为寅恪写韦端己《秦妇吟》卷子，张于屋壁。八年以来，课业余暇，偶一讽咏，辄若不解，虽于一二字句稍有所校释，然皆琐细无关宏旨。……

《韦庄秦妇吟校笺》，《寒柳》

三十余年前，叔雅先生任清华大学国文系主任。一日过寅恪曰，大学入学考期甚近，请代拟试题。时寅恪已定次日赴北戴河休养，遂匆匆草就普通国文试题，题为《梦游清华园记》。盖曾游清华园者，可以写实。未游清华园者，可以想像。此即赵彦卫《云麓漫钞》九［八］所谓行卷可以观史才诗笔议论之意。若应试者不被录取，则成一游园惊梦也。一笑！……抑更有可言者，寅恪所以以"孙行者"为对子之题者，实欲应试者以"胡适之"对"孙行者"。盖猢狲乃猿猴，而"行者"与"适之"意义音韵皆可相对，此不过一时故作狡狯耳。又正反合之说，当时惟冯友兰君一人能通解者。盖冯君熟研西洋哲学，复新游苏联返国故也。今日冯君尚健在，而刘胡并登鬼录，思之不禁惘然！是更一游园惊梦矣。

《与刘叔雅论国文试题书》附记，《二编》

陈寅恪于晚间来访，谈中国人之残酷，感于李大钊等之绞死也。

吴宓日记1927年4月30日

关于思陵御书一事，详见杜于皇濬《变雅堂文集》七《松风宝墨记》，兹不移录。寅恪昔年曾于完白山人后裔家，见崇祯帝所书"松风水月"四字，始知于皇此文中"端劲轩翥"之评，非寻常颂圣例语。

《别传》第三章

寅恪述病及其所感。寅恪甚赞同宓隐居北平读书一年之办法。惟谓春间日人曾函邀赴宴于使馆。倘今后日人径来逼迫，为全节概而免祸累，则寅恪与宓等，亦各不得不微服去此他适矣。

吴宓日记 1937 年 9 月 23 日

丁丑之冬时居北平，将南渡江左，临发之前夕陈援庵先生垣见过……寅恪当时行色匆匆，未敢遽对，及抵长沙，而金陵瓦解，乃南驰苍梧瘴海，转徙至于蒙自，忧患疾苦之中，无书可读，偶访邻舍，得见坊本《通志》，因一披阅之……

《读通志柳元景沈攸之传书后》，《二编》

忆丁丑之秋，寅恪别先生于燕京，及抵长沙，而金陵瓦解。乃南驰苍梧瘴海，转徙于滇池洱海之区，亦将三岁矣。此三岁中，天下之变无穷。

《陈垣明季滇黔佛教考序》，《二编》

但寅恪曾游云南，见旧历腊尽春回之际，百花齐放，颇呈奇观。

《论再生缘》，《寒柳》

寅恪昔年旅居昆明，偶过某戏院，见悬有"珠歌翠舞古梁州"七字横额，亦袭用吴（按：吴伟业）诗之成句，而失其本旨者之一例。

《别传》第四章

此次来蒙（按：蒙自），只是求食，不敢妄称讲学也。

1938 年 5 月 1 日致劳榦、陈述函，《书信集》

及寒假锡予偕寅恪同来，在楼宿一宵，曾在院中石桥上临池而坐。寅恪言："如此寂静之境，诚所难遇，兄在此写作真大佳事。然使我一人住此，非得神经病不可。"

（按：钱穆时居昆明附近宜良西山岩泉下寺中。）

钱穆《师友杂忆》

陈师谈及当时的学生运动时说："我班上的好学生大都是共产党。我怎么知道的呢？抗战前那一两年，上我的课的学生中有些人学得很好。后来有一天我去上课，他们忽然都不见了，我一打听，才知道是因为国民党要抓他们，都躲起来了。我由此感到共产党将要成功，因为好学生都到那边去了。"

石泉、李涵《追忆先师寅恪先生》,《追忆》

寅恪谓中国之人，下愚而上诈。此次事变，结果必为屈服。华北与中央皆无志抵抗。且抵抗必亡国，屈服乃上策。

保全华南，悉心备战，将来或可逐渐恢复，至少中国尚可偏
安苟存。一战则全局覆没，而中国永亡矣云云。寅恪之意，
盖以胜败系于科学技术与器械军力，而民气士气所补实微。
况中国之人心士气亦虚憍怯懦而极不可恃耶。宓按：寅恪乃
就事实，凭理智，以观察论断；但恐结果徒有退让屈辱，而
仍无淬厉湔袚耳。

吴宓日记 1937 年 7 月 14 日

……然和战无定策，事事随人转，岂云善计。惟寅恪仍
持前论，一力主和。谓战则亡国，和可偏安，徐图恢复。宓
谓仍视何人为之，而为之者何如也。

吴宓日记 1937 年 7 月 21 日

一次他将积蓄的 2000 元买了一套日本印的《大藏经》，
大约有二三百巨册。可见他对佛经研究兴趣之深。但他又绝
对不信佛。我祖父（按：陈三立）逝世的时候，他坚决不
同意请僧道嗦经，这和我的其他几位叔父意见相左。他说：
"佛经讲的东西都是骗人的，我都读过，并且能像和尚一样
地背诵。不要搞这套迷信蠢事。"

陈封雄《卌载都成断肠史——忆寅恪叔二三事》,《追忆》

又弟前数年曾见一伪造晋卿（按：耶律楚材）所书畏儿吾字体条幅，可笑之至。

1943 年 1 月 6 日致方豪函，《书信集》

早上接到寅恪先生写给我和季明的信，说他日间要从广州湾（按：今广东湛江）归乡，过海后或到平山圃和中文学院作最后一眺望，并谓："数年来托命之所，今生恐无重见之缘，李义山诗云'他生未卜此生休'，言之凄哽。"我当时读到此，不忍再读下去。

陈君葆日记 1942 年 5 月 1 日

我料罗先生，于开始撰作时，对李唐皇室的姓氏问题，也必极难下笔。到底依照老师的说法好呢？还是依照岳丈的说法呢？

（按：关于李唐氏族来历，陈氏主赵郡李氏说，朱希祖主陇西李氏说；而罗香林系陈门弟子，又是朱氏女婿，故陈氏有此戏言。）

1940 年代演讲时言，罗香林《回忆陈寅恪师》，《追忆》

陈师在成都华西坝居住时，牛津大学曾有一位高级讲师（Reader）来访，重申牛津过去的邀请，陈师谢绝了。他走后，陈师对石泉说："狐死正首丘，我老了，愿意死在中国。"这句话后来陈师在不同场合对石泉说过好几次。

石泉、李涵《追忆先师寅恪先生》，《追忆》

（附）

当广州尚未解放时，伪中央研究院历史语言研究所所长傅斯年多次来电催往台湾。我坚决不去。至于香港，是英帝国主义殖民地。殖民地的生活是我平生所鄙视的。所以我也不去香港。愿留在国内。

第七次交代底稿，《编年事辑》

又权（**按**：萧公权）与寅恪均认为异日华北必入共产党掌握，吾侪只宜蛰居长江流域则武大较宜云云。

吴宓日记 1945 年 3 月 21 日

我去与陈先生话别，他向我说："其实，胡先生（**按**：胡适）因政治上的关系，是非走不可的；我则原可不走。但是，听说在共产党统治区大家一律吃小米，要我也吃小米可受不了。而且，我身体多病，离开美国药也不行。所以我也得走。"

*邓广铭《在纪念陈寅恪教授国际学术
讨论会闭幕式上的发言》，《追忆》*

二次大战后期，盟军方面曾酝酿要定日本天皇为战犯。我读了报上的这条消息，陈师听后立刻说："这事绝对做不得。日本军人效忠天皇，视之如神。如果我们处置天皇，日本军人将拼死抵抗，盟军则要付出大得多的代价才能最后胜利。如果保留天皇，由他下令议和，日本军人虽然反对，也不敢违抗，就会跑到皇官门前切腹自杀。这样，盟军付出的牺牲就小得多，而且日本投降也会较易。因此，希望盟军不要做那样的蠢事。"后来，事态的发展果不出陈师所料。

　　　　　　　石泉、李涵《追忆先师寅恪先生》,《追忆》

1947年初，约在春节前，国民党军警特务以防共为名，在北平全市搞了一次深夜挨家突击搜查，逮捕了一些人，引起市民不安与各界公愤。随即就出现了北平十三位大学教授的联名宣言，谴责这种行为，陈师也是列名的十三教授之一。……记得就在这时我们去看陈师，谈到这个宣言，陈师态度非常鲜明，说："我最恨这种事！夜入民宅，非奸即盗！"

　　　　　　　石泉、李涵《追忆先师寅恪先生》,《追忆》

惠书及大作诵悉，弟近来依旧作诗文自遣。文已将《元白诗笺证稿》一书付印，以再迟则无出版之机会故也。……岭南大学文史之学自不必谈。已不独岭南如此，全国皆如是也。

1950 年 9 月 14 日致李思纯函，《书信集》

岭南大学文史之课，听讲者寥寥，想此种学问行将扫地尽矣。

1950 年 9 月 29 日致龙榆生函，

张晖《忍寒庐所藏师友书札之一：陈寅恪的佚诗与佚函》

岭大情形亦与蜀中相似，弟教书生活恐只有一年矣。现已将拙著《元白诗笺证稿》约十六万字十一月底出版。当寄呈一部求教，并作为纪念。因以后此等书恐无出版之机会故也。《儿女英雄传》第三十回"敦古谊集腋报师门"（重印按：当系第十三回），今日四海困穷，有财力足以济人之急者皆已远走高飞，而《儒林外史》中作八股之徒触处皆是。

1950 年 9 月 18 日致吴宓函，《书信集》

《元白诗笺证稿》分赠诸友留一纪念。然京洛耆英、河汾都讲，闻皆尽捐故技，别受新知，故又不敢以陈腐之作冒昧寄呈。

1950 年代初致周一良函，据郑克晟

《陈寅恪与郑天挺》所录郑天挺笔记，

《陈寅恪与二十世纪中国学术》

（又见《夏鼐日记》1951 年 1 月 25 日，有误字）

大著（按：《积微居金文说》）尚未收到。贱名不得附尊作以传，诚为不幸；然拙序语意迂腐，将来恐有累大著，今删去之，亦未始非不幸也（重印按："不"字疑衍）。

1952 年 12 月 6 日致杨树达函，《书信集》

我在北京的朋友都已经加入民主党派了，知识分子无气节，可耻！……你千万不要加入民主党派，加入共产党还可以。

1950 年代对刘节所言，中山大学档案，《守望》

弟畏人畏寒，故不北行。

1954 年 7 月 10 日致杨树达函，《书信集》

一九五四年春，中央特派人叫我去北京担任科学院第二研究所所长。我贪恋广州暖和，又从来怕做行政领导工作，荐陈垣代我。李四光我在广西教书时和他很熟，一九五四年中央要我担任历史二所时，他特地写信来劝我去。我没有听他的话。自悔负良友。北京的朋友周培源、张奚若都是清华老同事，因公来广州时，都来看我。也劝过我。

第一次交代底稿，《编年事辑》

寅恪亦以求学之故，奔走东西洋数万里，终无所成。凡历数十年，遭逢世界大战者二，内战更不胜计。其后失明膑足，栖身岭表，已奄奄垂死，将就木矣。默念平生固未尝侮食自矜，曲学阿世，似可告慰友朋。至若追踪昔贤，幽居疏属之南，汾水之曲，守先哲之遗范，托末契于后生者，则有如方丈蓬莱，渺不可即，徒寄之梦寐，存乎遐想而已。呜呼！此岂寅恪少时所自待及异日他人所望于寅恪者哉？

《赠蒋秉南序》，《寒柳》

然寅恪所感者，则为端生于《再生缘》第一七卷第六五回中，"岂是蚤为今日谶"一语。……自是求医万里，乞食多门。务观赵庄之语，竟"蚤为今日谶"矣。……又所至感者，则衰病流离，撰文授学，身虽同于赵庄负鼓之盲翁，事则等于广州弹弦之瞽女。荣启期之乐未解其何乐，汪容甫之幸亦不知其何幸也。

《论再生缘》，《寒柳》

衰年病目，废书不观，唯听读小说消日，偶至《再生缘》一书，深有感于其作者之身世，遂稍稍考证其本末，草成此文。承平蓄养，无所用心，忖文章之得失，兴窈窕之哀思，聊作无益之事，以遣有涯之生云尔。

《论再生缘》,《寒柳》

噫！所南心史，固非吴井之藏。孙盛阳秋，同是辽东之本。点佛弟之额粉，久已先干。裹王娘之脚条，长则更臭。知我罪我，请俟来世。

《论再生缘校补记后序》,《寒柳》

呜呼！八十年间，天下之变多矣。元礼文举之通家，随五铢白水之旧朝，同其蜕革，又奚足异哉！又奚足道哉！寅恪过岭倏踰十稔，乞仙令之残砂，守伧僧之旧义，颓龄废疾，将何所成！玉清教授出示此二札，海桑屡改，纸墨犹存，受而读之，益不胜死生今昔之感已。

《先君致邓子竹丈手札二通书后》,《二编》

一九五六年前后，陈寅恪先生在中山大学历史系选修课"元白诗证史"的课堂上，说过一句大意如下的话，陈先生说："我是要用开拖拉机的方法来研究历史。"

姜伯勤《陈寅恪先生与心史研究——读〈柳如是别传〉》,《印象》

陈先生于是说："北大也没有什么好货，不是我的朋友，就是我的学生。"

1956年对学生言，黄宣民《"教授中的教授"种种》，《二十年》

在百家争鸣百花齐放的时候，他们要寅老讲话。陈先生说：孟小冬戏唱得极好，当今须生第一，应当找她回来，叫她唱戏，以广流传。我想这话也许是借题发挥，其中的含义，似有应当保存传统的正宗文化之义。

牟润孙《敬悼陈寅恪先生》，《追忆》

我的著作都含有自发的唯物因素。

中山大学1958年"厚今薄古"运动材料，《二十年》

郭沫若为曹操、武则天翻案，其论点和自己接近。

广东省档案馆1961年档案《陈寅恪近况》，《二十年》

十月廿四日手书敬悉，可贺可贺。往岁易五丈曾记光绪年间张广雅秋日在武昌仿击钵吟之戏，以龙山高会为题，油、沟为韵，仅南皮及先君成诗。先君诗云："科头坐向青天笑，吹皱江流认作沟。"正可为先生今日道也。

（按：张晖指出此系针对龙氏"右派"摘帽而发，甚确。东晋孟嘉龙山落帽是有名典故，陈三立诗"科头"亦即不戴帽之义，陈氏盖述此掌故为戏，以比拟龙氏摘帽一事。）

1961 年 10 月 30 日致龙榆生函，
张晖《忍寒庐所藏师友书札之一：陈寅恪的侠诗与侠函》

在这一年（**按**：1963 年），陈寅恪数次向家人表达了这样的遗嘱：他死后要把他的骨灰撒到珠江黄埔港外，不要让人们利用他来开追悼会。

1963、1964 年《陈寅恪近况》档案，《二十年》

死了以后，骨灰也要抛在大海里，不留在大陆。

中山大学 1969 年档案，《二十年》

数月前奉到大著。"乌台"<u>正学</u>兼而有之。甚佩，甚佩！

（**按**："乌台"疑即"乌台诗案"，谓文字狱；"正学"疑即方孝孺，谓政治株连。详见编者《陈寅恪致牟润孙函中的隐语》一文。）

1966 年 11 月 21 日致牟润孙函，《书信集》

……寅师对我说："我的研究方法，是你最熟识的。我死之后，你可为我写篇谈谈我是如何做科学研究的文章。"当时我真是不知如何答复才对。我认为自己实在没有能力；

又认为对一位高龄的老师答应下来的事，将来若做不到，是欺骗行为。那时期的环境又不能再如以往，可在他的口授下笔录，只好很难过地说："陈先生，真对不起，您的东西我实在没学到手。"寅师用很低沉的声音说："没有学到，那就好了，免得中我的毒。"此情此景，真是不堪回首！十六年亲承教诲的我，居然如此伤他老人家的心。

黄萱 1973 年 5 月致蒋天枢函，《编年事辑》

曾告小彭（按：二女陈小彭）我将来死后，一本书也不送给中大。

1969 年所言，《编年事辑》

附：诗摘

等是阎浮梦里身，梦中谈梦倍酸辛。

《红楼梦新谈题辞》

敢将私谊哭斯人，文化神州丧一身。……吾侪所学关天意，并世相知妒道真。

《挽王静安先生》

沉酣朝野仍如故，巢燕何曾危幕惧。君宪徒闻俟九年，庙谟已是争孤注。羽书一夕警江城，仓卒元戎自出征。初意潢池嬉小盗，遽惊烽燧照神京。养兵成贼嗟翻覆，孝定临朝空痛哭。再起妖腰乱领臣，遂倾寡妇孤儿族。……当世通人数旧游，外穷瀛渤内神州。伯沙博士同扬榷，海日尚书互倡酬。东国儒英谁地主，藤田狩野内藤虎。岂便辽东老幼安，还如舜水依江户。……神武门前御河水，好报深恩酬国士。

南斋侍从欲自沉，北门学士邀同死。鲁连黄鹞绩溪胡，独为
神州惜大儒。学院遂闻传绝业，园林差喜适幽居。

《王观堂先生挽词》

　　正始遗音真绝响，元和新脚未成军。今生事业余田舍，
天下英雄独使君。

《寄傅斯年》

群趋东邻受国史，神州士夫羞欲死。
天赋迂儒自圣狂，读书不肯为人忙。

《北大学院己巳级史学系毕业生赠言》

金轮武曌时还异，石窟文成梦已仙。

《题萍乡文芸阁丈廷式云起轩诗集中咸通七律后》

自由共道文人笔，最是文人不自由。

《阅报戏作二绝》之一

空文自古无长策，大患吾今有此身。

《辛未九一八事变后刘宏度自沈阳来北平
既相见后即偕游北海天王堂》

钟阜徒闻蒋骨青，也无人对泣新亭。

《和陶然亭壁间女子题句》之二

读史早知今日事，看花犹是去年人。

《吴氏园海棠二首》之二

读史早知今日事，对花还忆去年人。

《残春》之一

南渡自应思往事，北归端恐待来生。

《蒙自南湖》

近死肝肠犹沸热，偷生岁月易蹉跎。

《七月七日蒙自作》

万里乾坤孤注尽，百年身世短炊醒。

《己卯春日刘宏度自宜山寄诗言拟迁眉州
予亦将离昆明往英伦因赋一律答之》

我行都在简斋诗，今古相望转自疑。只谓潭州烧小劫，
岂知杨獠舞多姿。

《夜读简斋集潭州诸诗感赋》

淮南米价惊心问，中统银钞入手空。

《庚辰元夕作时旅居昆明》

食蛤那知天下事，看花愁近最高楼。

《庚辰暮春重庆夜宴归作》

草长东南迷故国，云浮西北接高楼。

《辛巳春由港飞渝用前韵》

万国兵戈一叶舟，故邱归死不夷犹。袖间缩手嗟空老，纸上刳肝或少留。此日中原真一发，当时遗恨已千秋。

《壬午五月发香港至广州湾舟中作用义山无题韵》

江东旧义饥难救，浯上新文石待磨。

《予挈家由香港抵桂林已逾两月尚困居旅舍感而赋此》

自序汪中疑太激，丛编劳格定能传。孤舟南海风涛夜，回忆当时倍惘然。

九儒列等真邻丐，五斗支粮更殒躯。世变早知原尔尔，国危安用较区区。

《挽张荫麟二首》

沧海生还又见春，岂知春与世俱新。读书渐已帅秦史，钳市终须避楚人。九鼎铭辞争颂德，百年粗粝总伤贫。

《癸未春日感赋》

阜昌天子颇能诗，集选中州未肯遗。阮瑀多才原不忝，褚渊迟死更堪悲。

《阜昌》

少陵久负看花眼，东郭空留乞米身。

《目疾未愈拟先事休养再求良医以五十六字述意不是诗也》

雷车乍过浮香雾，电笑微闻送远风。酒醉不妨胡舞乱，花羞翻讶汉妆红。

《咏成都华西坝》

一生负气成今日，四海无人对夕阳。

《忆故居》

旧闻柳氏谁能次，密记冬郎世未知。海水已枯桑已死，伤心难覆烂柯棋。

《十年诗用听水斋韵》之一

妖乱豫幺同有罪，战和飞桧两无成。梦华一录难重读，
莫遣遗民说汴京。

《乙酉七七日听人说水浒新传适有客述近事感赋》

漫夸朔漠作神京，八宝楼台一夕倾。延祚岂能同大石，
附庸真是类梁明。

《漫夸》

逻逤不烦飞驿鸟，和林还别贡峰驼。赐秦鹑首天仍醉，
受虏狼头世敢诃。自古长安如弈戏，收枰一著奈君何。

《余昔寓北平清华园尝取唐代突厥回纥土蕃
石刻补正史事今闻时议感赋一诗》

苍天已死三千岁，青骨成神二十秋。

《南朝》

重申儿女三生誓，再造河山一统时。

《新清平调一首》

羊酪莼羹事已陈，长江天堑局翻新。金瓯再缺河南地，
玉貌争夸塞外春。

《北朝》

观兵已抉城门目，求药空回海国船。

《丁亥元夕用东坡韵》

桃观已非前度树，橐街长是最高楼。名园北监仍多士，老父东城有独忧。

《丁亥春日清华园作》

当年闻祸费疑猜，今日开编惜此才。

《丁亥春日阅花随人圣盦笔记深赏其游旸台山看杏花诗因题一律》

至德收京回纥马，宣和浮海女真盟。

《丁亥除夕作》

北归一梦原知短，如此匆匆更可悲。

《戊子阳历十二月十五日于北平中南海公园勤政殿
门前登车至南苑乘飞机途中作并寄亲友》

求医未获三年艾，避地难希五月花。

《丙戌春旅居英伦疗治目疾无效取海道东归
戊子冬复由上海乘轮至广州感赋》

食蛤那知今日事，买花弥惜去年春。

《己丑元旦作时居广州康乐九家村》

烛照已非前夕影，枝空犹想去年人。

《己丑送春》

金瓯已缺今宵月，银汉犹填旧日桥。

《己丑广州七夕》

可怜汉主求仙意，只博胡僧话劫灰。无酱台城应有愧，
未秋团扇已先哀。兴亡自古寻常事，如此兴亡得几回。

《青鸟》

党家专政二十载，大厦一旦梁栋摧。乱源虽多主因一，
民怨所致非兵灾。

《哀金圆》

曹蜍李志名虽众，只识香南绝代人。

《报载某会中有梅兰芳之名戏题一绝》

招魂楚泽心虽在，续命河汾梦亦休。

《叶遐庵自香港寄诗询近状赋此答之》

黄鹂鲁连羞有国，白头摩诘尚余家。催归北客心终怯，
久味南烹意可嗟。

《庚寅人日》

山河已入宜春槛，身世真同失水船。

《庚寅元夕用东坡韵》

小园短梦亦成陈，谁问神州尚有神。吃菜共归新教主，
种花真负旧时人。

《庚寅仲夏友人绘清华园故居图见寄不见
旧时手植海棠感赋一诗即用戊子春日原韵》

虚经腐史意何如，谿刻阴森惨不舒。

《经史》

国魄销沉史亦亡，简编桀犬恣雌黄。

《题冼玉清教授修史图》之二

领略新凉惊骨透，流传故事总魂销。

《庚寅广州七夕》

不生不死最堪伤，犹说扶余海外王。

《霜红龛集望海诗云一灯续日月不寐照烦恼
不生不死间如何为怀抱感题其后》

八股文章试帖诗，宗朱颂圣有成规。

《文章》

魏收沈约休相诮，同是生民在倒悬。

《旧史》

同酌曹溪我独羞，江东旧义雪盈头。

《送朱少滨教授退休卜居杭州》

照面共惊三世改，齐眉微惜十年迟。买山巢许宁能隐，
浮海宣尼未易师。

《题与晓莹结婚廿三年纪念日合影时辛卯秋寄寓广州也》

南渡饱看新世局，北归难觅旧巢痕。

《壬辰春日作》

老境萧闲殊有味，多生忧患总无端。兴亡满眼人间世，也并江潮等量观。

《寄朱少滨之二》

艾诩人形终傀儡，槐醅蚁梦更荒唐。……粤湿燕寒俱所畏，钱唐真合是吾乡。

《次韵和朱少滨癸巳杭州端午之作》

墨儒名法道阴阳，闭口休谈作哑羊。屯戍尚闻连沨水，文章唯是颂陶唐。

《癸巳六月十六夜月食时广州苦热再次前韵》

孙盛阳秋海外传，所南心史井中全。

《广州赠别蒋秉南》之二

吸尽西江由马祖，自家公案自家参。

《次韵答龙榆生》之二

柳家既负元和脚，不采蘋花即自由。

《答北客》

摘埴便冥行，幸免一边倒。……支撑衰病躯，不作蒜头捣。

《咏黄藤手杖》

空耗官家五斗粮，何来旧学可商量。

《答龙榆生》之二

红杏青松画已陈，兴亡遗恨尚如新。

《甲午岭南春暮忆燕京崇效寺牡丹及青松红杏卷子有作》之二

丰干饶舌笑从君，不似遵朱颂圣文。

《甲午春朱叟自杭州寄示观新排长生殿传奇诗因亦赋答
绝句五首近戏撰论再生缘一文故诗语牵连及之也》之五

猧子吠声情可悯，狙公赋芋意何居。

《无题》

天壤久销奇女气，江关谁省暮年哀。

《乙未阳历元旦诗意有未尽复赋一律》

黄阁有书空买菜，玄都无地叫栽桃。如花眷属惭双鬓，似水兴亡送六朝。

《乙未旧历元旦读初学集崇祯甲申元日诗有衰残敢负苍生望重理东山旧管弦之句戏成一律》

纵回杨爱千金笑，终剩归庄万古愁。灰劫昆明红豆在，相思廿载待今酬。

《咏红豆》

岂意滔天沉赤县，竟符掘地出苍鹅。

《余季豫先生挽词二首》之二

东坡文字为身累，莫更寻诗累去非。

《乙未迎春后一日作》

身世盲翁鼓，文章浪子书。无能搜鼠雀，有命注虫鱼。

《乙未除夕卧病强起与家人共餐感赋检点两年以来著作仅有论再生缘及钱柳因缘诗笺释二文故诗语及之也》

平生所学供埋骨，晚岁为诗欠砍头。

《丙申六十七岁初度晓莹置酒为寿赋此酬谢》

珍重承天井中水，人间唯此是安流。

《丁酉阳历七月三日六十八岁初度适在病中时撰
钱柳因缘诗释证尚未成书更不知何日可以刊布也感赋一律》

原与汉皇聊戏约，那堪唐殿便要盟。天长地久绵绵恨，
赢得临邛说玉京。

《丁酉七夕》

看天北斗惊新象，记梦东京惜旧痕。元祐党家犹有种，
平泉树石已无根。

《南海世丈百岁生日献词》

杂花生树语莺儿，三月江南正此时。访古偶过苏小小，
和词还涉李师师。

《遥祝少溟先生八十生日即次自述诗原韵》

天上素娥原有党，人间红袖尚无家。

《春尽病起宴广州京剧团并听新谷莺演望江亭
所演与张君秋微不同也》之一

金瓶黄教无［关］兴废，玉斧红尘有是非。

《迟些》

折腰为米究如何，折断牛腰米未多。

《失题》

留命任教加白眼，著书唯剩颂红妆。锺君点鬼行将及，汤子抛人转更忙。

《辛丑七月雨僧老友自重庆来广州承询近况赋此答之》

巨公漫诩飞腾笔，不出卑田院里游。

《赠吴雨僧》之四

文章岂入龚开录，身世翻同范蠡船。

《壬寅元夕后七日二客过谈因有所感遂再次东坡前韵》

剩有文章供笑骂，那能诗赋动江关。今生积恨应销骨，后世相知傥破颜。疏属汾南何等事，衰残无命敢追攀。

《壬寅小雪夜病榻作》

今生所剩真无几，后世相知或有缘。……酒兵愁阵非吾事，把臂诗魔一粲然。

《入居病院疗足疾至今日适为半岁
而足疾未愈拟将还家度岁感赋一律》

高家门馆恩谁报，陆氏庄园业不存。遗属只余传惨恨，著书今与洗烦冤。明清痛史新兼旧，好事何人共讨论。

《十年以来继续草钱柳因缘诗释证至癸卯冬粗告
完毕偶忆项莲生鸿祚云不为无益之事何以遣有涯
之生伤哉此语实为寅恪言之也感赋二律》之二

拟就罪言盈百万，藏山付托不须辞。

俗学阿时似楚咻，可怜无力障东流。

《甲辰四月赠蒋秉南教授》

开元全盛谁还忆，便忆贞元满泪痕。

《赠瞿兑之》之一

忽庄忽谐，亦文亦史。述事言情，悯生悲死。繁琐冗长，见笑君子。

《稿竟说偈》

怒骂嬉笑，亦俚亦雅。非旧非新，童牛角马。刻意伤春，贮泪盈把。痛哭古人，留赠来者。

《稿竟说偈》（另稿）

韩偓偷生天莫问，范文祈死愿偏违。早知万物皆刍狗，何怪残躯似木鸡。

《立秋前数日有阵雨炎暑稍解喜赋一诗》

废残天所命，迂阔世同嗔。

《寒夕》

病余皮骨宁多日，看饱兴亡又一时。却笑盲翁空负鼓，赵家庄里怕人知。

《岁暮背诵桃花扇余韵中哀江南套以遣日聊赋一律》

闻歌易触平生感，治史难逃后学嗤。

《乙巳正月三日立春作》

挽句已吟徐骑省，弹词犹听李龟年。

《乙巳人日作》

何待济尼知道韫，未闻徐女配秦嘉。

《乙巳元夕前二日始闻南京博物院院长
曾昭燏君逝世于灵谷寺追挽一律》

认桃辨杏殊多事，张幕悬铃枉费工。

　　　　《乙巳春夜忽闻风雨声想园中杜鹃花零落尽矣为赋一诗》

武陵虚说寻仙境，子夜唯闻唱鬼歌。

　　　　　　　　　　　　　　　　　《有感》

伤心太液波翻句，回首甘陵党锢年。家国旧情迷纸上，兴亡遗恨照灯前。开元鹤发凋零尽，谁补西京外戚篇。

　　　　《乙巳冬日读清史后妃传有感于珍妃事为赋一律》

小冠久废看花眼，大患犹留乞米身。一自黄州争说鬼，更宜赤县遍崇神。

　　　　　　　　　　　　　　　《丙午元旦作》

英灵苏白应同笑，格律频偷似老元。

　　　　　　　　《丙午元夕立春作仍次东坡韵》

后记

拉杂说明几点，殊不成章。

先说明我录入此文本的情况：凡陈寅恪本人的著作，因原文系竖排，多数是打字输入，少数常见的短篇则从网上复制；凡旁人回忆陈寅恪的文字，因原文系横排，有打字输入的，也有通过软件扫描的。无论哪一种方式，录入后都曾校对，但因不自觉地求快，都存在一些讹漏。不过，对于我提供的基础文本，后浪编辑做了全面的校勘，一一查对原文，包括《陈寅恪集》前后不同的版本，指出字句脱漏、出处错乱等问题甚多，甚至还依据手迹校补了个别录文。总的来说，这应是一个可靠的摘录文本。

在学问上，我是不太愿意"为人作嫁"的，编辑这个语录可算例外。之所以做这个例外的事，坦率说，很大程度是由于能利用过去读书时的标注，不必重新细读原著，也就少费了很多力气。

关于编选一部陈寅恪语录的意义，本不必在此饶舌，但还是简单指出一点——陈先生作为一个史学家，我觉得有两方面的长处：一在于考证，即所谓"发覆"之学；一在于通识，可谓之"大历史"之学。因体裁的关系，这本语录更多呈现的是后者。但还需要加上一个"但书"：陈先生是有思辨能力和思想深度的史家，但就他所思考的问题来说，就他思考问题的方式来说，我觉得不宜径称他为"思想家"——同理，更不宜将钱锺书称作"思想家"。

曾有位先生约我写《陈寅恪传》，但我谢绝了。事实上我从未考虑过写一部《陈寅恪传》。我以为，从写作立场来说，传记需要全面的素养，是最困难的工作，而从纯学术立场来说，传记又不是最有创造性的工作。这不是适宜我做的事。更何况，要写一部无所避忌的《陈寅恪传》，现在还远不是时候呢。而这本语录，在内容上尽可能呈现了陈先生的精神面貌，可见其学与思，可见其言与行，在我个人，就将它当作陈先生传记的一个替代品了。这是编选这本语录的另一重意义。

在这本语录里，收入了黄萱屡被引用的一段话："陈先生说过：'诗若不是有两个意思，便不是好诗。'大概指的是古典今典吧。要从古典来体会今典，是不容易之事。他的诗自然是有两个意思的，所以难于通解。我相信将来必会有史家用他的'以诗证史'的方法，把他全部的诗，拿来与近代史相印证。"在录入时重温这些话，我想，最后这几句，我是可以"对号入座"的。这确实让我觉得骄傲。

2020 年冬于广州

重印后记

《语录》初刊未久，即承朋辈读者纠错甚多，包括录文及所附按语等项二十余处，甚觉愧歉。尤其按语之误，完全是我作为编者的责任，虽出于编排仓促，未及仔细查证，实源于学问浮泛，每有想当然之处。

指示错谬、提供意见者，有高山杉、陈翔、刘铮、杨曦、王丁、沈喜阳、高峰枫、李开军、艾俊川、陈志远诸君，谨致谢忱。此次重印，兹综合诸君之见，于错谬处皆予改正，一般录文问题径改，个别重要者则加"重印按"说明（因字数限制，暂未能一一具名），凡此皆据特约编辑宋希於所汇总的文本。所有改正之处，将另行公布，已购初印本者可据此参考，不必重复购买。

学术者天下公器，非个人所能私，亦非个人所能成就，仍望读者继续赐教，以匡不逮。完美的文本固不能致，亦当向往而趋求之。

2021 年 8 月 24 日

图书在版编目（CIP）数据

陈寅恪语录 / 胡文辉编 . -- 上海：上海文艺出版
社，2021（2023.12 重印）
ISBN 978-7-5321-7938-1
Ⅰ . ①陈… Ⅱ . ①胡… Ⅲ . ①中国历史—语录 Ⅳ .
① K207

中国版本图书馆 CIP 数据核字 (2021) 第 060654 号

发 行 人：毕　胜
选题策划：后浪出版公司
出版统筹：吴兴元
编辑统筹：梅天明
特约编辑：宋希於
责任编辑：肖海鸥
装帧制造：墨白空间·肖　雅
营销推广：ONEBOOK

书　　　名：陈寅恪语录
编　　　者：胡文辉
出　　　版：上海世纪出版集团 上海文艺出版社
地　　　址：上海市闵行区号景路 159 弄 A 座 2 楼 201101
发　　　行：上海文艺出版社发行中心发行
　　　　　　上海市闵行区号景路 159 弄 A 座 2 楼 206 室 201101 www.ewen.co
印　　　刷：北京天宇万达印刷有限公司
开　　　本：787 × 1092　1/32
印　　　张：9.75
字　　　数：170,000
印　　　次：2021 年 8 月第 1 版　2023 年 12 月第 4 次印刷
Ｉ Ｓ Ｂ Ｎ：978-7-5321-7938-1/K.0427
定　　　价：49.00 元